Bitcoin

De Novato a Experto en Criptomonedas:

Navegando por el Paisaje de Bitcoin con Confianza

Sofia Hernandez

© **Derechos de autor 2023 - Todos los derechos reservados.**

El contenido de este libro no puede ser reproducido, duplicado o transmitido sin el permiso directo por escrito del autor o el editor.

En ningún caso se responsabilizará al editor o autor por daños, reparaciones o pérdidas monetarias debido a la información contenida en este libro, ya sea directa o indirectamente.

Aviso Legal:

Este libro está protegido por derechos de autor y es solo para uso personal. No puedes modificar, distribuir, vender, usar, citar o parafrasear ninguna parte o contenido de este libro sin el consentimiento del autor o editor.

Aviso de Descargo de Responsabilidad:

Ten en cuenta que la información contenida en este documento es solo con fines educativos y de entretenimiento. Se ha hecho todo el esfuerzo para presentar información precisa, actualizada, confiable y completa. No se declaran ni se implican garantías de ningún tipo. Los lectores reconocen que el autor no está brindando asesoramiento legal, financiero, médico o profesional. El contenido de este libro se ha obtenido de diversas fuentes. Consulta a un profesional con licencia antes de intentar cualquier técnica descrita en este libro.

Al leer este documento, el lector acepta que, en ningún caso, el autor es responsable de las pérdidas, directas o indirectas, que se produzcan como resultado del uso de la información contenida en este documento, incluyendo, pero no limitándose a, errores, omisiones o inexactitudes.

Índice

Introducción 1

Capítulo I: Comprendiendo los Fundamentos de Bitcoin 5
  ¿Qué es Bitcoin? 5
  Breve historia de Bitcoin 10
  Conceptos clave: blockchain, descentralización y criptografía 14
  Cómo Bitcoin difiere de las monedas tradicionales 18

Capítulo II: Iniciando con Bitcoin 23
  Configuración de una billetera de Bitcoin 23
  Elegir un intercambio de Bitcoin confiable 29
  Asegurar tus tenencias de Bitcoin 32
  Comprar tu primer Bitcoin 35

Capítulo III: Navegando por el Ecosistema de Bitcoin 41
  Explorando diferentes tipos de billeteras de Bitcoin 41
  Comprender las direcciones y claves privadas de Bitcoin 45
  Utilizando Bitcoin para transacciones 49
  Envío y recepción de pagos con Bitcoin 53

Capítulo IV: Minería de Bitcoin y la Cadena de Bloques 57
  Cómo funciona la minería de Bitcoin 57
  Opciones de hardware y software de minería. 60

Unirse a un grupo de minería 63

El papel de la cadena de bloques en la seguridad de las
transacciones de Bitcoin 68

Capítulo V: Seguridad y Privacidad de Bitcoin 72

Mejores prácticas para asegurar tus Bitcoin 72

Protegerse contra hacks y estafas 76

Consideraciones de privacidad al usar Bitcoin 80

Anonimato versus transparencia en la red Bitcoin 84

Capítulo VI: Comercio e Inversión en Bitcoin 88

Comprendiendo la volatilidad del precio de Bitcoin 88

Enfoques diferentes para negociar Bitcoin 93

Estrategias de inversión a largo plazo 95

Gestionar riesgos y evitar trampas comunes 99

Capítulo VII: Regulación de Bitcoin y Consideraciones Legales. 103

Visión general de las regulaciones de Bitcoin en todo
el mundo 103

Desafíos legales y controversias en torno a Bitcoin 112

Perspectivas futuras para la regulación de Bitcoin 116

Capítulo VIII: Criptomonedas Alternativas y el Futuro
de Bitcoin 120

Introducción a otras criptomonedas populares 120

Explorando el potencial de la tecnología blockchain
más allá de Bitcoin 124

Desarrollos futuros y tendencias actuales en el espacio
de las criptomonedas 127

Predicciones y posibilidades para el futuro de Bitcoin. 131

Conclusión 136
    Resumen de los puntos clave abordados en el e-book 136

    Reflexiones finales sobre el impacto potencial de Bitcoin 150

Introducción

Bienvenido a "Bitcoin: De Novato a Experto en Criptomonedas - Navegando por el Paisaje de Bitcoin con Confianza". Nos embarcamos en un viaje a través del fascinante mundo de Bitcoin en este libro electrónico, la innovadora moneda digital que ha revolucionado el sector financiero.

Este libro electrónico tiene la intención de ser tu guía completa, ya seas un principiante total que espera comprender los fundamentos de Bitcoin o un aspirante a experto en criptomonedas que busca mejorar sus conocimientos y navegar por las complejidades del ecosistema de Bitcoin. Al finalizar, tendrás plena confianza en tu capacidad para interactuar con Bitcoin, tomar decisiones acertadas y aprovechar su potencial.

Bitcoin es mucho más que simplemente un tipo de dinero digital. Es una fuerza transformadora que pone a prueba los sistemas financieros existentes y abre nuevas oportunidades para personas de todo el mundo. Su naturaleza descentralizada lo distingue de las monedas convencionales y crea una variedad de oportunidades. Está protegido por criptografía de vanguardia y impulsado por la tecnología de cadena de bloques.

En este libro electrónico, comenzaremos nuestro viaje adentrándonos en las ideas fundamentales de Bitcoin. Examinaremos su historia, comprenderemos cómo difiere del dinero tradicional y exploraremos el papel que desempeñan la cadena de bloques, la descentralización y la criptografía en todo el ecosistema de Bitcoin.

Con un sólido marco en su lugar, te guiaremos a través de las aplicaciones prácticas de Bitcoin. Descubrirás cómo crear una billetera de Bitcoin, seleccionar un intercambio confiable y comprar tus primeros bitcoins de manera segura. Para que te sientas cómodo al realizar transacciones en línea, desmitificaremos el proceso de enviar y recibir pagos en Bitcoin.

Sin hablar sobre el fascinante procedimiento de la minería de Bitcoin y su vínculo con la cadena de bloques, ninguna investigación sobre Bitcoin estaría completa. Exploraremos el funcionamiento interno de la minería, hablaremos sobre el hardware y software relevante, y arrojaremos luz sobre la función crítica de la cadena de bloques en la protección de las transacciones de Bitcoin.

El procesamiento de criptomonedas debe realizarse con el máximo cuidado en cuanto a seguridad y privacidad. Te proporcionaremos consejos cruciales sobre cómo proteger tus inversiones en Bitcoin, evitar fraudes y hacks, y encontrar un equilibrio entre la privacidad y la transparencia dentro de la red de Bitcoin.

Profundizaremos en el mundo del comercio e inversión en Bitcoin a medida que avanzamos. Aprenderás sobre la volatilidad del precio de Bitcoin, diversos métodos de comercio e ideas de inversión a largo plazo. Te proporcionaremos los recursos que necesitas para gestionar los riesgos de manera inteligente y evitar errores comunes en el mercado de criptomonedas, que está en constante cambio.

Además, discutiremos las implicaciones regulatorias y legales de Bitcoin. Analizaremos los diversos entornos regulatorios internacionales a los que está sujeto Bitcoin, destacaremos las implicaciones fiscales de las transacciones de Bitcoin y nos adentraremos en los problemas legales y controversias que ha enfrentado Bitcoin. También consideraremos las perspectivas de la regulación de Bitcoin en el futuro y sus posibles implicaciones para el sistema financiero en general.

Finalmente, hablaremos de las criptomonedas alternativas y exploraremos sus cualidades y posibilidades especiales. Nos adentraremos más allá de Bitcoin y examinaremos los usos más amplios de la tecnología blockchain mientras hablamos sobre el presente y los futuros potenciales de la industria de las criptomonedas. Por último, presentaremos pronósticos y escenarios para el futuro de Bitcoin y su capacidad para alterar fundamentalmente el sector financiero.

Al embarcarte en este camino desde principiante hasta experto en criptomonedas, adquirirás la información y la confianza necesarias para navegar fácilmente por el paisaje de Bitcoin. Entonces, sumerjámonos, aprendamos más sobre Bitcoin y descubramos las oportunidades que te esperan en este emocionante nuevo ámbito digital.

Capítulo I

Comprendiendo los Fundamentos de Bitcoin

¿Qué es Bitcoin?

Bitcoin se ha consolidado como una fuerza significativa y revolucionaria en los campos de finanzas y tecnología en la era moderna de la tecnología digital. Bitcoin es un tipo de moneda digital descentralizada que funciona de manera independiente de las instituciones bancarias tradicionales. Fue introducido por primera vez en circulación en 2009, bajo el seudónimo de Satoshi Nakamoto, por una persona o grupo no identificado. Bitcoin ha alterado fundamentalmente nuestra forma de pensar y comportarnos con respecto a los sistemas monetarios debido a su implementación pionera de la tecnología de cadena de bloques y conceptos criptográficos. En esta sección, investigaremos los componentes fundamentales de Bitcoin, incluido su concepto, la tecnología en la que se basa y las propiedades importantes que posee.

Una moneda digital de igual a igual llamada Bitcoin hace posible que las transacciones se realicen por Internet de manera segura y descentralizada. A diferencia del dinero fiduciario tradicional como el euro y el dólar estadounidense, Bitcoin no está regulado por ninguna autoridad central, como gobiernos o instituciones financieras. En cambio, funciona en una red descentralizada de computadoras conocida como la cadena de bloques. Esta red es responsable de verificar y registrar transacciones.

La tecnología de cadena de bloques, un concepto innovador que protege la transparencia, seguridad e inmutabilidad de las transacciones, es el corazón de Bitcoin. La cadena de bloques es una base de datos distribuida que crea una cadena de bloques almacenando todas las transacciones de Bitcoin en el orden en que ocurrieron. Cada bloque contiene un conjunto de transacciones, y una vez que un bloque ha sido incluido en la cadena, se considera permanente e inalterable. Debido a la naturaleza descentralizada de la cadena de bloques, resulta imposible que una entidad única ejerza control o realice cambios en el historial de transacciones. Copias del libro mayor se almacenan en diversas computadoras distribuidas en la red.

Dado que Bitcoin es una moneda digital descentralizada, ya no es necesario contar con intermediarios como bancos para procesar transacciones. En cambio, las transacciones se realizan directamente entre los participantes, eliminando la necesidad de un intermediario y al mismo tiempo reduciendo los costos y retrasos asociados con el proceso. Debido a la falta de un punto central de fallo, la seguridad y la resistencia de la red se han mejorado significativamente como resultado de la descentralización.

Bitcoin, a diferencia de las monedas tradicionales que pueden ser producidas o creadas a voluntad, tiene una oferta limitada y no puede ser creada más allá de lo que ya existe. La cantidad total de Bitcoins que existirán ha sido establecida en 21 millones, lo que garantiza que la criptomoneda siempre será escasa y podría mantener su valor con el tiempo. Esta oferta controlada se logra a través de un proceso conocido como minería, en el cual las personas compiten entre sí para resolver difíciles rompecabezas matemáticos a cambio de Bitcoins recién creados.

La cadena de bloques en sí misma está abierta a la inspección pública, a diferencia de la naturaleza seudónima de las transacciones de Bitcoin. Esto significa que las personas son conocidas solo por las direcciones de Bitcoin que utilizan en lugar de por cualquier otra información personal identificable. Cualquier persona puede observar el historial de transacciones y las direcciones vinculadas a ellas, ofreciendo un nivel de transparencia que no tiene comparación con los sistemas financieros tradicionales. Sin embargo, es importante tener en cuenta que el nivel de anonimato puede comprometerse si la identidad del titular de una dirección de Bitcoin es descubierta por algún otro método.

La integridad y validez de cada transacción están protegidas por métodos criptográficos, que se utilizan para asegurar las transacciones de Bitcoin. Después de que una transacción ha sido validada y cargada en la cadena de bloques, es extremadamente difícil cancelar o deshacer la transacción de alguna manera. La estructura descentralizada de la cadena de bloques, combinada con métodos de cifrado sofisticados, ofrece un alto nivel de seguridad y protege contra manipulaciones y fraudes.

Bitcoin también posee una amplia gama de aplicaciones, más allá de operar como una moneda digital. Ha abierto la puerta a una variedad de aplicaciones y casos de uso, que incluyen los siguientes:

Las personas pueden eludir el sistema bancario tradicional y transferir y recibir fondos directamente mediante el uso de Bitcoin. Esto tiene implicaciones particularmente importantes para las transacciones internacionales, que, en comparación con las técnicas convencionales, pueden completarse en un tiempo más corto y a un costo total más bajo.

Algunos consideran a Bitcoin como un almacén digital de valor, análogo al oro digital. Aquellas personas que buscan una alternativa a los activos tradicionales y una posible protección contra la inflación pueden encontrar en Bitcoin una opción atractiva debido a su oferta limitada y su descentralización.

El precio de Bitcoin es conocido por ser notoriamente impredecible, lo que lo hace atractivo para inversores y comerciantes que desean beneficiarse de las fluctuaciones de precio de la criptomoneda. Las plataformas de intercambio de criptomonedas, como Bitcoin, permiten a las personas participar en el mercado de criptomonedas facilitando la compra y venta de Bitcoin.

Bitcoin tiene la capacidad de proporcionar servicios financieros a poblaciones no bancarizadas o sub-bancarizadas, especialmente en países en desarrollo. Esto es especialmente cierto en lugares donde falta infraestructura bancaria tradicional. Permite que aquellos que no tienen acceso a servicios bancarios convencionales envíen y reciban dinero de manera segura y rentable.

La forma en que pensamos y manejamos el dinero está experimentando una transición fundamental como resultado de la introducción de Bitcoin. Debido a su carácter descentralizado, posible gracias a la tecnología de cadena de bloques y los conceptos criptográficos subyacentes, es una moneda digital segura, transparente y sin fronteras. A medida que continuamos observando el desarrollo y la adopción en curso de Bitcoin, podemos anticipar que su impacto en la industria financiera y en la sociedad en general será revolucionario. Bitcoin ha cambiado innegablemente la forma en que concebimos los sistemas monetarios y las oportunidades disponibles en el ámbito digital, independientemente de si alguna vez se convierte en una moneda convencional o sirve como base para más avances tecnológicos.

Breve historia de Bitcoin

Bitcoin, la revolucionaria moneda digital que ha cautivado la imaginación de individuos y empresas en una amplia gama de campos, tiene un trasfondo fascinante. Desde su nacimiento en 2009, Bitcoin ha experimentado un viaje notable, pasando de ser una idea limitada a un mercado específico a convertirse en un fenómeno que abarca todo el mundo. En esta sección, examinaremos los puntos de inflexión y eventos significativos que han definido la historia de Bitcoin, trazando sus inicios, así como sus desarrollos notables, desafíos y victorias.

En octubre de 2008, se publicó un documento titulado "Bitcoin: Un Sistema de Efectivo Electrónico entre Pares" como un libro blanco, marcando el comienzo de la historia de Bitcoin. El creador, que usaba el seudónimo Satoshi Nakamoto, presentó un plan para una moneda digital que no estuviera controlada por una sola institución. Este libro blanco presentó la idea de la cadena de bloques, la tecnología subyacente que transformaría la forma en que se realizan y verifican las transacciones. La cadena de bloques permitiría registros y verificaciones descentralizados y distribuidos de las transacciones.

Después de que se publicara el libro blanco, Satoshi Nakamoto registró el dominio bitcoin.org en agosto de 2008 y lanzó el código fuente del software en enero de 2009. Ambos eventos ocurrieron después de la publicación del libro blanco. Esto permitió que entusiastas de las criptomonedas y desarrolladores comenzaran a experimentar y hacer contribuciones al desarrollo de la criptomoneda. El lanzamiento oficial de la red Bitcoin tuvo lugar el 3 de enero de 2009, cuando Satoshi Nakamoto minó con éxito el primer bloque, también conocido como Bloque Génesis de la cadena de bloques de Bitcoin.

Al principio, solo existía una pequeña comunidad de personas interesadas en Bitcoin. Los mineros se unieron a la red y contribuyeron con potencia computacional para validar transacciones a cambio de Bitcoins recién creados. Los mineros también ganaban Bitcoins por sus contribuciones. En mayo de 2010, Laszlo Hanyecz es reconocido por llevar a cabo la primera transacción utilizando Bitcoin en el mundo real al pagar 10,000 Bitcoins por dos pizzas.

Un punto de inflexión significativo en el desarrollo de Bitcoin ocurrió en 2010 cuando la primera casa de cambio de Bitcoin, Mt. Gox, abrió sus puertas a los clientes. Las casas de cambio proporcionan lugares para comprar y vender Bitcoin, facilitando la incorporación de la criptomoneda en el sistema financiero más amplio. A lo largo de varios años, el precio de Bitcoin comenzó a mostrar una notable volatilidad, seguida de un aumento en la exploración de nuevos niveles de precio.

El hecho de que Bitcoin se utilizara como el principal medio de pago en Silk Road, un mercado en línea donde se vendían drogas y otros productos ilegales, llamó la atención sobre la conexión de la criptomoneda con actividades ilegales. La posterior desmantelación de Silk Road por parte de las autoridades policiales puso de manifiesto la atención sobre los posibles problemas regulatorios relacionados con las criptomonedas.

Mt. Gox, que en algún momento fue la casa de cambio de Bitcoin más grande, experimentó una masiva violación de seguridad en 2014, lo que llevó al robo de aproximadamente 850,000 Bitcoins. Esta tragedia puso de manifiesto la importancia del almacenamiento seguro, así como la necesidad crítica de medidas integrales de ciberseguridad dentro del ecosistema de Bitcoin.

A medida que Bitcoin ganaba popularidad, gobiernos y agencias reguladoras de todo el mundo se dieron cuenta de la necesidad de marcos legales para abordar preocupaciones como el lavado de fondos ilícitos, actividades fraudulentas y la protección de los consumidores. Países como Japón, Suiza y Malta han surgido como adoptantes tempranos de legislación favorable hacia las criptomonedas.

Las instituciones financieras y corporaciones tradicionales también comenzaron a mostrar interés en Bitcoin y la tecnología blockchain. La validez y accesibilidad de Bitcoin han aumentado como resultado de las decisiones de importantes empresas de comenzar a aceptarlo como medio de pago. Estas empresas incluyen a Microsoft, Expedia y PayPal.

Al presentar Propuestas de Mejora de Bitcoin, o BIPs, los miembros de la comunidad de Bitcoin contribuyen activamente a la evolución de la criptomoneda. Estas propuestas abogan por modificaciones y mejoras en el protocolo, lo que resultaría en la introducción de características novedosas como el sistema Segregated Witness (SegWit) y la Lightning Network. Las bifurcaciones, que llevaron al surgimiento de criptomonedas alternativas como Bitcoin SV y Bitcoin Cash, han generado debates y ofrecido a los entusiastas de Bitcoin nuevas oportunidades.

Bitcoin ha ganado aceptación generalizada, como lo demuestra el hecho de que actualmente hay millones de usuarios de la criptomoneda y un número creciente de minoristas que la aceptan como forma de pago. Bitcoin ha atraído recientemente la atención de inversores institucionales y corporaciones, que ven la criptomoneda como capaz de funcionar tanto como reserva de valor como cobertura contra la inflación.

Los problemas de escalabilidad han llevado a la creación de alternativas como la Lightning Network, que permite una realización más rápida y económica de transacciones fuera de la cadena. La regulación de las criptomonedas sigue siendo motivo de controversia para los gobiernos de todo el mundo, ya que buscan encontrar un equilibrio entre fomentar la innovación y reducir los riesgos asociados.

La evolución de Bitcoin sirve como una poderosa ilustración del potencial revolucionario de la tecnología descentralizada. El ascenso meteórico de Bitcoin desde sus humildes comienzos como un libro blanco hasta su estado actual como una sensación mundial ha despertado el interés del mundo, sacudido los sistemas financieros convencionales y cautivado a personas de todas partes. A medida que Bitcoin continúa desarrollándose, existe una posibilidad significativa de que crezca aún más y tenga un impacto aún mayor. Esto abre un mundo de posibilidades fascinantes para el futuro de las finanzas y más allá.

Conceptos clave: blockchain, descentralización y criptografía

La blockchain, la descentralización y la criptografía son los tres conceptos fundamentales que sirven como bases sobre las cuales se construyen la innovación y la disrupción en el ámbito de las criptomonedas. La combinación de estos factores da como resultado la formación de los bloques fundamentales que respaldan el potencial transformador de las monedas digitales como Bitcoin. En esta sección, investigaremos cada noción en gran detalle, obteniendo una comprensión de su relevancia, los mecanismos subyacentes y el papel colectivo que desempeñan en cambiar las estructuras financieras y de confianza tradicionales.

En el ámbito de las criptomonedas, la blockchain, que es una forma de tecnología de libro contable distribuido, desempeña un papel esencial como piedra angular de la confianza. Es un sistema que registra transacciones de manera abierta, segura e imposible de cambiar. El libro contable distribuido, a menudo conocido como la blockchain, está compuesto por una cadena de bloques, cada uno de los cuales almacena una colección de transacciones. Una cadena se forma con los bloques cuando se conectan entre sí mediante algoritmos criptográficos de hash. Esta estructura asegura que cualquier manipulación de un bloque anterior invalidará los bloques posteriores, garantizando así la integridad de todo el libro contable.

Las aplicaciones y beneficios de la tecnología blockchain son numerosos. Elimina la necesidad de utilizar intermediarios en las transacciones, facilitando que las personas interactúen directamente entre sí. Además, su apertura, seguridad e inmutabilidad la hacen adecuada para su uso en diversas industrias, incluyendo la administración de cadenas de suministro, banca, sistemas de votación y derechos de propiedad intelectual.

Se dice que una red o comunidad es descentralizada cuando el poder, la autoridad de toma de decisiones y el control se distribuyen en toda esa red o comunidad. La descentralización otorga más poder a los individuos y disminuye su dependencia de intermediarios, ya que implica la eliminación de puntos de control centralizados y en cambio se basa en una red de igual a igual (P2P). Los participantes se conectan directamente en este diseño, lo que contribuye a construir un sistema más equitativo e inclusivo.

La descentralización conlleva varios beneficios. Mejora la seguridad al eliminar puntos de vulnerabilidad centralizados que podrían ser atacados. Fomenta la privacidad personal, la oposición a la censura y la resistencia frente a contratiempos. Además, la descentralización fomenta la innovación, lo que a su vez empodera a las personas en áreas con acceso limitado a formas convencionales de servicios financieros, posibilitando una mayor inclusión financiera.

Dentro del ámbito digital, la criptografía es el componente esencial que respalda la seguridad. Se utilizan métodos de cifrado para garantizar la confidencialidad tanto de la información como de las comunicaciones. Durante el proceso de cifrado, el texto plano se transforma en texto cifrado, haciéndolo ilegible en ausencia de la clave correcta de descifrado. En la criptografía de clave pública se emplea un par de claves, una pública y otra privada. La clave pública se utiliza para el cifrado, mientras que la clave privada se mantiene en secreto y se utiliza para el descifrado.

La prueba de autenticidad e integridad se puede obtener mediante el uso de firmas digitales, un componente esencial de la criptografía. Se aseguran de que los mensajes no puedan ser alterados de ninguna manera ni fabricados de ninguna manera. El uso de la criptografía es fundamental en el proceso de protección de las redes blockchain, ya que resguarda la confidencialidad e integridad de las transacciones y sienta las bases para interacciones seguras de igual a igual.

La cadena de bloques, la descentralización y el cifrado trabajan en armonía para hacer posible que las transacciones digitales sean confiables, transparentes y seguras. La cadena de bloques utiliza el cifrado para garantizar la seguridad de las transacciones, mientras que la descentralización asegura que el poder se distribuya de manera equitativa en toda la red, lo que resulta en un sistema más sólido e inclusivo.

Estas ideas, cuando se combinan, provocan que las estructuras tradicionales se vuelvan inestables. Redefinen la confianza, la privacidad y la propiedad sobre los datos personales, y ofrecen nuevas posibilidades en finanzas, gobernabilidad, gestión de la cadena de suministro y otras áreas. Se les brinda a individuos y comunidades la capacidad de tratar directamente entre ellos sin necesidad de intermediarios.

Por otro lado, existen obstáculos en el camino hacia la realización completa. Se requiere un desarrollo continuo y un estudio cuidadoso para abordar problemas relacionados con la escalabilidad, el consumo de energía, los marcos regulatorios y la adopción por parte de los usuarios. Encontrar soluciones a estos problemas será absolutamente necesario para liberar todo el potencial de la tecnología de cadena de bloques, la descentralización y la criptografía.

El potencial revolucionario de las monedas digitales se sustenta en tres pilares: la cadena de bloques, la descentralización y la criptografía. Cada uno de estos pilares desempeña un papel importante. En un mundo que se está volviendo más interconectado, redefinen lo que significa confiar el uno en el otro, fomentan las relaciones entre pares y mejoran tanto la seguridad como la privacidad. La influencia de estas ideas, a medida que continúan desarrollándose y encontrando aplicaciones más amplias, transformará los antiguos sistemas financieros y gubernamentales, inaugurando así una nueva era caracterizada por la transparencia, el empoderamiento y la innovación. Cuando estas ideas son abrazadas y desarrolladas aún más, será posible acercarse a un futuro fundamentado en la confianza, la descentralización y las interacciones digitales seguras.

Cómo Bitcoin difiere de las monedas tradicionales

Bitcoin, una moneda digital descentralizada, ha surgido recientemente como una fuerza capaz de transformar el actual panorama monetario, controlado por monedas fiduciarias. Sus cualidades únicas y la tecnología en la que se basa son las que lo han llevado al frente de la innovación en la industria financiera. En esta sección, investigaremos las principales diferencias que existen entre Bitcoin y las monedas convencionales analizando sus estructuras respectivas, características transaccionales, marcos regulatorios e implicaciones potenciales para el sistema monetario en el futuro.

Las transacciones en Bitcoin se validan y registran a través de una red distribuida conocida como la cadena de bloques. Esta red es descentralizada y opera en el protocolo de Bitcoin. Debido a esta descentralización, ya no hay necesidad de intermediarios como bancos o autoridades centrales. En su lugar, existe un sistema de igual a igual, lo que otorga más poder a los individuos y disminuye la dependencia de instituciones centralizadas.

Los bancos centrales y los gobiernos son responsables de emitir y regular las monedas tradicionales, también conocidas como monedas fiduciarias. Estas pueden tomar la forma de objetos físicos como billetes y monedas, además de adoptar una forma electrónica dentro del marco del sistema bancario. Las monedas fiduciarias se basan en un marco centralizado, en el que los bancos centrales regulan la oferta de dinero, establecen tasas de interés y ejecutan políticas monetarias. También se conocen como monedas de papel.

Un algoritmo matemático garantiza que la cantidad total de bitcoins en circulación en toda la red no excederá los 21 millones en ningún momento. Como resultado de la oferta fija de Bitcoin, es una moneda deflacionaria, ya que la velocidad a la que se crean nuevas monedas disminuye con el tiempo. En cambio, las monedas tradicionales no tienen límites definidos y pueden ser emitidas o destruidas por los bancos centrales, lo que proporciona flexibilidad en términos de gestionar la inflación y mantener la estabilidad económica.

Las transacciones en Bitcoin se registran públicamente en un libro mayor distribuido llamado la cadena de bloques, que proporciona tanto responsabilidad como transparencia. Las direcciones criptográficas, por otro lado, garantizan que las identidades de las personas que participan en transacciones se mantengan en secreto de manera seudónima. Por otro lado, las transacciones con moneda tradicional dependen de sistemas bancarios centralizados y, por lo tanto, están sujetas a normas como el conocimiento del cliente y las leyes contra el lavado de dinero. Sin embargo, para combatir actividades ilegales y proteger la privacidad de las personas, estas regulaciones también otorgan a las instituciones financieras acceso a información sobre las transacciones de los clientes.

La estructura descentralizada de Bitcoin permite realizar transacciones a través de las fronteras nacionales, eliminando la necesidad de intermediarios. Al eludir tanto a los bancos como a los proveedores de moneda extranjera, las transferencias internacionales de Bitcoin pueden llevarse a cabo potencialmente a un costo menor y en un tiempo más corto en comparación con métodos más convencionales. Por otro lado, las transacciones con moneda tradicional suelen incluir instituciones intermedias, casas de cambio y procesos de liquidación prolongados. Estas transacciones tradicionales también están sujetas a impuestos, tasas de cambio y restricciones regulatorias.

El precio de Bitcoin ha sido conocido por ser extremadamente volátil, con grandes fluctuaciones que ocurren en períodos de tiempo relativamente cortos. Esta volatilidad puede atribuirse a una variedad de variables, incluyendo la especulación del mercado, avances en marcos regulatorios y el tamaño relativo del mercado de Bitcoin. Por otro lado, las monedas tradicionales a menudo se perciben como más estables debido a la sólida infraestructura y liquidez ofrecidas por los sistemas financieros establecidos. Esto se debe a que los sistemas financieros tradicionales han existido por más tiempo. La política monetaria y las intervenciones directas en el mercado son dos de las herramientas que los bancos centrales tienen a su disposición para intentar mantener valores de moneda estables.

Dado que opera fuera de los marcos regulatorios tradicionales, Bitcoin ha llevado a gobiernos y organizaciones reguladoras de todo el mundo a reflexionar sobre nuevas preocupaciones y enfrentar nuevos desafíos. Existe una amplia gama de posibles medidas regulatorias, desde prohibiciones completas hasta la formulación de regulaciones únicas para la moneda digital. Por otro lado, las monedas tradicionales están sujetas a sistemas regulatorios integrales, supervisados por bancos centrales y otras agencias regulatorias financieras.

El carácter disruptivo de Bitcoin tiene implicaciones significativas para el sistema monetario del futuro. Tiene la capacidad de integrar a comunidades previamente excluidas en el sistema financiero y de estimular la innovación en áreas que van más allá de los casos de uso de la moneda. Las conversaciones continuas y la investigación sobre las monedas digitales emitidas por bancos centrales (también conocidas como CBDC, por sus siglas en inglés) apuntan a la posibilidad de una convergencia entre los beneficios de las monedas tradicionales y los de los activos digitales.

La introducción de Bitcoin marcó el comienzo de una nueva era en la historia de las monedas. El carácter controlado y regulado de las monedas tradicionales se cuestiona debido a la estructura descentralizada, la cantidad finita, la operación transparente y la capacidad de realizar transacciones sin fronteras de la criptomoneda. Es probable que la volatilidad de Bitcoin y las dificultades planteadas por las regulaciones persistan, pero la creciente aceptación de Bitcoin y los avances tecnológicos que ha generado apuntan a un futuro en el que las monedas tradicionales y los activos digitales coexistirán, permitiendo un ecosistema financiero más inclusivo, eficiente e innovador. Bitcoin y otras criptomonedas sin duda desempeñarán un papel significativo en la formación del futuro del dinero a medida que la evolución continúe, y es probable que este papel crezca con el tiempo.

Capítulo II

Iniciando con Bitcoin

Configuración de una billetera de Bitcoin

A medida que el uso de Bitcoin y otras criptomonedas sigue aumentando en popularidad, un número creciente de usuarios busca métodos para almacenar y administrar de manera segura sus activos digitales. Crear una billetera de Bitcoin es un paso importante antes de sumergirse de lleno en el mundo de Bitcoin. Una billetera de Bitcoin es un repositorio digital que guarda tus claves privadas y te permite enviar, recibir y almacenar Bitcoins. En esta sección, presentaremos una guía detallada sobre cómo configurar una billetera de Bitcoin. Examinaremos los diversos tipos de billeteras, sus características y las consideraciones de seguridad asociadas con cada tipo de billetera, además de proporcionar instrucciones paso a paso sobre cómo crear una billetera y mantenerla segura.

Las billeteras de Bitcoin pueden ser aplicaciones de software o dispositivos físicos que contienen las claves privadas de un usuario. Estas claves privadas son necesarias para acceder y gestionar las tenencias de Bitcoin de un usuario. Te brindan la capacidad de enviar y recibir Bitcoins, hacer un seguimiento de tu saldo y revisar el historial de tus transacciones. Hay varios tipos distintos de billeteras de Bitcoin disponibles, y cada una logra un equilibrio único entre las dos prioridades de facilidad de uso y seguridad.

Las billeteras de escritorio, billeteras móviles y billeteras basadas en la web son las tres categorías principales en las que se clasifican las billeteras de software. Las billeteras de escritorio son el tipo más frecuente de billetera de Bitcoin.

Las billeteras de escritorio son aplicaciones que se descargan e instalan en tu computadora personal o portátil. Te brindan control total sobre las claves privadas asociadas con tu billetera. Exodus, Electrum y Bitcoin Core son algunos ejemplos de este tipo de software. Debido a que tus claves privadas se mantienen localmente, estas billeteras ofrecen un nivel excepcionalmente alto de protección para tu criptomoneda. Sin embargo, para garantizar la seguridad de tus bitcoins, es necesario actualizarlas y respaldarlas de forma regular.

Las billeteras móviles facilitan el acceso a tus bitcoins mientras estás en movimiento, ya que están diseñadas para funcionar en dispositivos portátiles como tabletas y teléfonos inteligentes. En general, son fáciles de usar y ofrecen niveles elevados de características de seguridad. Mycelium, Breadwallet y Trust Wallet son tres ejemplos conocidos de billeteras móviles populares. Si la seguridad de tu teléfono inteligente se ve comprometida, las billeteras móviles pueden ser más susceptibles a hackeos; por esta razón, es esencial proteger tu dispositivo mediante códigos de acceso y autenticación biométrica.

Las billeteras basadas en la web son accesibles a través de navegadores web, y son proporcionadas por proveedores de servicios externos. Son ventajosas ya que puedes acceder a tu billetera desde cualquier dispositivo con conexión a internet, lo que las hace convenientes. Sin embargo, las billeteras basadas en la web son más propensas a ser hackeadas y tener comprometida su seguridad. Coinbase, Blockchain.info y MyEtherWallet son algunos ejemplos de estos servicios. Para garantizar la seguridad de tus claves privadas al utilizar billeteras basadas en la web, es fundamental seleccionar proveedores de servicios con una reputación sólida, activar la autenticación de dos factores (2FA) y tener extrema precaución.

Las billeteras de hardware son dispositivos físicos desarrollados expresamente con el propósito de almacenar claves privadas de forma offline. Como resultado, ofrecen una opción de almacenamiento de Bitcoin extremadamente segura. Debido a que las claves privadas nunca se transfieren fuera del dispositivo, brindan protección contra malware y otros riesgos de internet. Ledger, Trezor y Keep Key son tres marcas conocidas que ofrecen billeteras de hardware. Debes conectar una billetera de hardware a tu computadora o dispositivo móvil antes de poder realizar una transacción mientras la usas. Las claves privadas se mantienen de manera segura en el dispositivo de hardware para proteger al usuario de cualquier ataque que pueda provenir de internet.

Es necesario imprimir tanto tus claves privadas como públicas en un trozo físico de papel para utilizar una billetera de papel. Al usar este método, tus claves permanecerán fuera de línea, lo que proporcionará una mayor protección contra hackers y otros riesgos de internet. Una billetera de papel se puede crear utilizando sitios web o programas de software desarrollados específicamente con el propósito de crear billeteras de papel. Sin embargo, es necesario tener cuidado para asegurarse de que la billetera de papel se mantenga en un lugar seguro y esté protegida de cualquier daño en todo momento. Las billeteras de papel se utilizan más comúnmente para el almacenamiento a largo plazo en lugar de para su uso en transacciones financieras frecuentes.

Los siguientes procedimientos deben completarse para crear y proteger con éxito una billetera de Bitcoin:

Realiza una investigación exhaustiva sobre los diversos tipos de billeteras de Bitcoin disponibles y selecciona aquella que mejor se adapte a tus requisitos y preferencias personales en cuanto al nivel de seguridad. Es importante considerar aspectos como la experiencia del usuario, las características de seguridad y el historial del proveedor de la billetera.

Si optas por una billetera de software, debes descargar el programa de la billetera desde el sitio web oficial del proveedor. Para evitar descargar malware o caer en una estafa de phishing, asegúrate de que el archivo que descargas provenga de una fuente confiable y verifica la integridad del archivo después de descargarlo.

El procedimiento de inicialización para cada billetera es diferente, pero en general, implica crear una contraseña segura y única y generar una frase de respaldo (seed phrase). La frase de respaldo es un componente esencial, ya que te permite restaurar tu billetera en caso de que se corrompa o se pierda. Protégete escribiendo esta frase de respaldo y almacenándola en un lugar seguro que no esté en línea.

Puedes mejorar la seguridad de tu billetera activando la autenticación de dos factores (también conocida como 2FA) si está disponible, actualizando regularmente el software de la billetera y asegurándote de que el sistema operativo y el software antivirus de tu dispositivo estén siempre actualizados. Además, debes considerar cifrar tu billetera con una contraseña sólida y aprovechar cualquier característica de seguridad ofrecida por el programa que gestiona tu billetera.

Es absolutamente necesario realizar copias de seguridad frecuentes de tu billetera y almacenarlas en un lugar seguro. Es esencial que esta copia de seguridad contenga tanto el software de la billetera como la frase de respaldo (seed phrase). Investiga tus opciones para realizar copias de seguridad tanto offline como en la nube para garantizar redundancia y protección contra la pérdida de datos. Además, debes practicar la restauración de tu billetera desde la copia de seguridad para verificar que el proceso esté arraigado en tu memoria y funcione correctamente.

Al crear una billetera de Bitcoin, hay varios aspectos de seguridad que deben tenerse en cuenta:

La información más vulnerable contenida en tu billetera de Bitcoin es tu clave privada. Siempre mantenlas seguras y, bajo ninguna circunstancia, las reveles a nadie. Para mayor tranquilidad, considera ocultarlas en una billetera sin conexión o en una billetera de hardware.

Cuando te comunicas con sitios web relacionados con billeteras de Bitcoin, procede con extrema precaución. Sé cauteloso ante los ataques de phishing, en los que personas deshonestas pretenden ser proveedores de billeteras legítimos para obtener información de la clave privada. Utiliza un programa antivirus confiable que se mantenga actualizado para proteger tu computadora contra software potencialmente perjudicial.

Mantente informado sobre las actualizaciones o correcciones de seguridad que ofrezca el proveedor de la billetera. Mantener actualizado el software de tu billetera puede ayudar a proporcionar protección contra posibles vulnerabilidades de seguridad.

Al unirse al mundo de las criptomonedas, uno de los pasos más importantes a seguir es crear una billetera de Bitcoin. Las personas pueden tomar decisiones informadas sobre la opción de billetera más adecuada para sus necesidades al adquirir primero conciencia de los diversos tipos de billeteras, así como de las características y consideraciones de seguridad asociadas con cada tipo. Mantener seguras las claves privadas y cumplir con los estándares de la industria es de suma importancia, ya sea que uno elija una billetera de software por su conveniencia, una billetera de hardware por su mayor seguridad, o una billetera de papel por sus capacidades de almacenamiento sin conexión. Mantener la seguridad e integridad de tu billetera de Bitcoin bajo control durante la continua evolución del ecosistema de Bitcoin es la mejor manera de garantizar una experiencia con Bitcoin que sea gratificante y libre de riesgos.

Elegir un intercambio de Bitcoin confiable

Los intercambios de Bitcoin se están volviendo destinos cada vez más atractivos para las personas interesadas en ingresar al mundo de los activos digitales debido al continuo aumento en la popularidad de Bitcoin y otras criptomonedas. Estas plataformas actúan como intermediarios, facilitando transacciones que incluyen la compra, venta e intercambio de criptomonedas. Sin embargo, debido a la gran cantidad de intercambios para elegir, es absolutamente necesario seleccionar uno que tenga una buena reputación y en el que se pueda confiar para mantener su dinero seguro y tener una experiencia comercial sin problemas. En esta sección, discutiremos varios aspectos que deben tenerse en cuenta al elegir un intercambio de Bitcoin. Algunos de estos aspectos incluyen precauciones de seguridad, cumplimiento normativo, experiencia del usuario, servicio al cliente y liquidez.

Un intercambio de Bitcoin confiable coloca una alta prioridad en la implementación de estrictas medidas de seguridad para mantener seguros los fondos de los clientes. Esto implica cumplir con los requisitos de cumplimiento normativo, adoptar la autenticación de dos factores (2FA), utilizar almacenamiento en frío para la conservación de activos fuera de línea y proporcionar cobertura de seguro contra cualquier pérdida causada por violaciones de seguridad.

La transparencia y el cumplimiento de los estándares legales pueden asegurarse seleccionando un intercambio de Bitcoin que cumpla con las normas aplicables y posea las licencias adecuadas. Si desea mejorar la seguridad y honestidad de sus actividades comerciales, debe buscar intercambios que estén registrados en las agencias regulatorias de las jurisdicciones en las que operan.

La experiencia comercial general se mejora con una interfaz de usuario fácil de navegar. Busque intercambios que tengan interfaces amigables que faciliten la navegación y que hagan que la ejecución de operaciones sea fluida. Debe considerar las diversas opciones de trading disponibles, como el trading al contado, el trading con margen, contratos de futuros y trading descentralizado, para elegir un intercambio que sea compatible con sus preferencias y objetivos comerciales.

Es absolutamente esencial contar con asistencia al cliente que sea tanto efectiva como rápida en su respuesta para abordar cualquier problema, pregunta o inconveniente técnico que pueda surgir. Elija un mercado que tenga diversos métodos de soporte, como correo electrónico, chat en vivo o teléfono, y realice investigaciones para saber cuánto tiempo suele tardar el mercado en responder. Considere la reputación del mercado y examine las evaluaciones dejadas por clientes anteriores para tener una idea del tipo de servicio al cliente que ofrece.

Debe verificar si el intercambio admite la moneda fiduciaria que desea utilizar para depósitos y retiros antes de registrarse. Evalúe la disponibilidad de métodos de pago que sean convenientes y seguros, como transferencias bancarias, tarjetas de crédito/débito u otros procesadores de pagos, para asegurarse de que el proceso de intercambio de moneda fiduciaria por criptomonedas se realice sin dificultades.

Es esencial, para confirmar la confiabilidad del intercambio, realizar investigaciones sobre su reputación y trayectoria. Para determinar la legitimidad del intercambio, es útil revisar los comentarios de los usuarios, noticias y evaluaciones ofrecidas por fuentes confiables. Piense en cuánto tiempo ha estado operando el intercambio, ya que generalmente es más tranquilizador tratar con una plataforma establecida que ha estado allí por un tiempo.

Es absolutamente necesario utilizar un intercambio de Bitcoin que tenga una reputación sólida para garantizar la seguridad de sus transacciones y la eficacia de sus actividades comerciales. Podrá tomar una decisión informada si tiene en cuenta aspectos del intercambio de criptomonedas como su reputación y trayectoria, así como sus medidas de seguridad, cumplimiento normativo, experiencia del usuario, atención al cliente, liquidez y soporte para monedas fiduciarias. Realice una investigación exhaustiva y ejerza la debida diligencia para seleccionar una plataforma de negociación compatible con sus objetivos comerciales, que ofrezca un entorno comercial seguro y proteja sus fondos. Si elige el intercambio adecuado, podrá navegar con confianza por el mundo de las criptomonedas, seguro de que sus activos digitales estarán protegidos y que el proceso comercial se desarrollará sin problemas.

Asegurar tus tenencias de Bitcoin

Es absolutamente necesario que los poseedores de Bitcoin den alta prioridad a la protección de sus activos digitales, dado que tanto el valor de Bitcoin como su popularidad continúan en aumento. Debido a que Bitcoin es una moneda digital descentralizada, se deben tomar precauciones especiales para protegerla de diversas amenazas posibles, como el robo, el hackeo y la pérdida. En esta sección, discutiremos una variedad de enfoques y mejores prácticas para preservar tus tenencias de Bitcoin. Hablaremos sobre diversos temas, algunos de los cuales son los siguientes: seguridad de la billetera; opciones de respaldo y recuperación; métodos de almacenamiento fuera de línea; billeteras con multisig; vigilancia constante; y la necesidad de medidas de seguridad completas.

Debido a que es una moneda digital, Bitcoin depende de claves criptográficas en lugar de activos físicos, lo que presenta una gama distinta de dificultades en términos de mantener su seguridad. Los usuarios están obligados a implementar medidas de seguridad preventivas debido a la característica inmutable de las transacciones de Bitcoin, así como la posibilidad de que sus fondos se pierdan o sean robados. Como poseedor de Bitcoin, eres el único propietario de tus activos digitales y el custodio de esos activos. Por esta razón, es tu obligación mantener tus Bitcoins seguros y protegidos.

Encontrar una billetera de Bitcoin confiable es esencial si deseas mantener seguras tus posesiones. Billeteras de papel, billeteras de hardware y billeteras de software ofrecen diferentes niveles de comodidad y seguridad para almacenar moneda digital. Mantener actualizado el software de tu billetera, habilitar la autenticación de dos factores (2FA) y usar contraseñas fuertes y encriptación son prácticas clave de seguridad.

Es absolutamente necesario crear copias de seguridad de tu billetera de Bitcoin de manera regular para protegerte contra la pérdida de datos. Es esencial que las copias de seguridad contengan no solo el software de la billetera, sino también las claves privadas asociadas con cada una de tus direcciones de Bitcoin. La redundancia y la protección contra la pérdida, robo o destrucción de datos se pueden lograr mediante el uso de diversas estrategias de respaldo, como almacenamiento fuera de línea, dispositivos de hardware, soluciones basadas en la nube y múltiples copias físicas. Familiarízate con el proceso de recuperación de datos y luego pruébalo utilizando tus copias de seguridad para asegurarte de que sea accesible y funcione correctamente.

Un grado adicional de protección se puede brindar a tus activos de Bitcoin utilizando una "billetera fría" para almacenar un porcentaje considerable de esas tenencias fuera de línea. Los métodos de almacenamiento fuera de línea que están ganando popularidad incluyen billeteras de hardware y billeteras de papel. Al almacenar claves privadas fuera de línea en un dispositivo físico, las billeteras de hardware reducen la probabilidad de ser blanco de ciberdelincuentes. Para usar una billetera de papel, primero debes imprimir tus claves privadas y direcciones de Bitcoin en papel y luego almacenar la billetera de papel fuera de línea. El riesgo de perder todas las tenencias debido a la falla de una sola billetera o mecanismo de almacenamiento se puede reducir aún más dividiendo y diversificando esas tenencias en muchas billeteras y métodos de almacenamiento.

Las billeteras que admiten múltiples firmas, a menudo conocidas como multisig, proporcionan una capa adicional de protección al requerir el uso de más de una firma para validar transacciones. Cuando hay varias claves privadas involucradas, es mucho más difícil que los posibles atacantes obtengan acceso ilegal al sistema. Estas billeteras son especialmente útiles para grandes tenencias de Bitcoin o cuentas conjuntas, ya que ofrecen mayor seguridad y protección contra puntos únicos de falla.

Prácticas de seguridad continuas importantes incluyen realizar auditorías de seguridad regulares, actualizar el software de la billetera de manera consistente, evitar acceder a las billeteras mientras se utiliza redes Wi-Fi públicas y estar alerta ante intentos de phishing y técnicas de ingeniería social. Protegerse contra posibles peligros y vulnerabilidades requiere mantenerse actualizado sobre los peligros recién descubiertos y ajustar los protocolos de seguridad para tener en cuenta estos cambios.

Es absolutamente necesario evitar que tus activos de Bitcoin sean robados, hackeados o perdidos de otra manera tomando las precauciones necesarias. Puedes reducir drásticamente el peligro de violaciones de seguridad implementando estrictos procedimientos de seguridad de la billetera, haciendo copias de seguridad de tu billetera con frecuencia, utilizando métodos de almacenamiento fuera de línea, investigando las billeteras con multisig, practicando una vigilancia continua y estando informado sobre las prácticas de seguridad más recientes. Ten en cuenta que mantener la seguridad es un esfuerzo continuo que requiere agilidad y estar al tanto de los peligros recién descubiertos. Tendrás la capacidad de atravesar con éxito el mundo de Bitcoin, proteger tus activos y disfrutar de los beneficios de la riqueza digital de manera segura si cuentas con las medidas de seguridad adecuadas.

Comprar tu primer Bitcoin

Personas de todo el mundo que están interesadas en ingresar al mundo de las criptomonedas han estado cada vez más curiosas acerca de Bitcoin, ya que tanto su popularidad como su valor han ido en aumento. Sin embargo, el proceso de comprar Bitcoin y navegar por el complicado terreno puede resultar intimidante para aquellos que recién están comenzando. En esta sección, presentaremos una guía detallada sobre cómo comprar tu primer Bitcoin. Esta guía abordará ideas fundamentales, la selección de un intercambio o plataforma confiable, explicará las opciones de monedero, asegurará la seguridad y proporcionará instrucciones detalladas para ayudarte a realizar tu primera compra de Bitcoin.

Blockchain es el nombre de la tecnología subyacente que impulsa la moneda digital descentralizada conocida como Bitcoin. Permite transacciones directas entre individuos, sin necesidad de intermediarios como los bancos en el proceso. Al ofrecer una alternativa descentralizada a los sistemas bancarios convencionales que están en vigor, Bitcoin tiene el potencial de causar una gran interrupción en el sistema financiero global. Es importante que te eduques sobre ideas fundamentales relacionadas con Bitcoin antes de embarcarte en tu aventura con la criptomoneda. Estas ideas fundamentales incluyen la tecnología blockchain, la minería, los monederos, las claves privadas y públicas, y la función que desempeñan los intercambios para hacer posibles las transacciones de Bitcoin.

Para comprar Bitcoin, deberás seleccionar un intercambio o plataforma de Bitcoin que tenga una buena reputación y sea de confianza. Realiza un estudio exhaustivo y ejerce la debida diligencia para examinar las diversas posibilidades disponibles. Considera aspectos como las precauciones de seguridad, la experiencia del usuario, los costos, los países compatibles, el soporte al cliente y las regulaciones de cumplimiento. Elige intercambios de criptomonedas que den alta prioridad a la seguridad de sus usuarios y tengan procedimientos estrictos para prevenir robos y hackeos.

Tus claves privadas, necesarias para acceder y gestionar tus bitcoins, se almacenan en un monedero de Bitcoin, que es una ubicación de almacenamiento digital. Adquiere una comprensión de los diversos tipos de monederos de Bitcoin que están disponibles actualmente, como monederos de software de escritorio, móviles y basados en la web, monederos de hardware, monederos de papel y monederos multisig. Cada modelo tiene niveles variables de conveniencia, accesibilidad y seguridad. Selecciona un monedero que cumpla con tus requisitos y se ajuste a tus preferencias prestando atención a aspectos como su facilidad de uso, características de seguridad y disponibilidad de copias de seguridad.

Cuando se trata de gestionar Bitcoin y proteger tu riqueza digital, mantener un alto nivel de seguridad es de suma importancia. Para fortalecer aún más tu seguridad, asegúrate de adoptar los siguientes procedimientos recomendados:

Accede siempre a tu cuenta de intercambio de Bitcoin o realiza transacciones utilizando una conexión a internet segura para reducir la probabilidad de que tus datos sean interceptados o tu cuenta sea hackeada.

Cuando sea posible, activa la función de Autenticación de Dos Factores (2FA) tanto en tu cuenta de intercambio como en tu monedero. Además de tu contraseña, se requiere una segunda forma de verificación, como un código único generado en tu teléfono inteligente, para acceder a cuentas protegidas por la autenticación de dos factores (2FA).

Realiza copias de seguridad periódicas de tu monedero y guarda la frase o semilla de respaldo en un lugar seguro fuera de tu monedero. Esto asegura que aún podrás restaurar tu monedero en caso de pérdida, robo o mal funcionamiento del hardware que utiliza. Asegúrate de evaluar la funcionalidad del procedimiento de recuperación una vez que hayas completado los pasos indicados en las instrucciones de respaldo proporcionadas por tu proveedor de monedero.

Implementa precauciones adicionales de seguridad, como el uso de contraseñas fuertes y únicas, asegurándote de que el software de tu monedero esté siempre actualizado, activando el cifrado si está disponible y siendo cauteloso con intentos de phishing y conexiones extrañas.

Cuando estés listo para realizar tu primera compra de Bitcoin, asegúrate de haber seleccionado un intercambio confiable, creado un monedero seguro y realizado cualquier otro procedimiento de seguridad necesario. Procede de la siguiente manera:

Puedes financiar tu cuenta de intercambio con cualquiera de las opciones de pago disponibles, como transferencia bancaria, tarjeta de crédito o débito, o transferencia de otra criptomoneda. Al depositar fondos, asegúrate de seguir las pautas proporcionadas por el intercambio.

Necesitarás ir a la sección de operaciones de la plataforma donde estás intercambiando moneda y luego seleccionar la opción de comprar Bitcoin. Antes de comprometerte con la compra, asegúrate de ingresar la cantidad deseada y examinar los detalles de la orden. Asegúrate de tomar nota de cualquier tarifa asociada con la realización de la transacción.

Espera a que la transacción se complete y se confirme en la cadena de bloques después de que tu orden haya sido colocada y confirmada con éxito. La congestión en la red y las reglas del intercambio elegido afectan el tiempo necesario para el proceso de confirmación.

Una vez que la transacción se haya finalizado, deberías transferir los bitcoins que compraste desde el intercambio a tu propio monedero personal de Bitcoin para que se puedan almacenar de manera segura. Para iniciar el proceso de transferencia, es necesario seguir las instrucciones proporcionadas por el proveedor de tu monedero.

El mundo de Bitcoin y otras criptomonedas siempre avanza y experimenta cambios. La educación y la conciencia deben ser una prioridad si deseas mantenerte informado y tomar decisiones fundamentadas. Mantén un conocimiento actualizado de la última información, avances y mejores prácticas consultando fuentes confiables. Sé consciente de los riesgos asociados con la inversión en Bitcoin, nunca inviertas más dinero del que puedas permitirte perder y considera buscar asesoramiento personalizado de un asesor financiero profesional.

Comprar tu primer Bitcoin puede ser una experiencia emocionante y empoderadora. Podrás ingresar con confianza al mundo de las criptomonedas una vez que tengas conocimiento de ideas importantes, hayas seleccionado un intercambio o plataforma confiable, elegido una billetera segura para Bitcoin, asegurado la protección de tus fondos y seguido las instrucciones paso a paso para completar tu primera compra. Ten en cuenta que la seguridad debe ser tu principal prioridad, que siempre debes estar al tanto de las noticias y que siempre debes invertir de manera responsable. Al comenzar tu aventura con Bitcoin, es importante que reconozcas el poder transformador de esta tecnología y disfrutes de las ventajas de ser un participante en un ecosistema financiero descentralizado.

Capítulo III

Navegando por el Ecosistema de Bitcoin

Explorando diferentes tipos de billeteras de Bitcoin

Las billeteras de Bitcoin son herramientas esenciales para almacenar y gestionar de manera segura tus activos digitales. Pueden descargarse desde el sitio web de Bitcoin. Es crucial tener una comprensión sólida de los diferentes tipos de billeteras de Bitcoin que están disponibles, especialmente con el continuo aumento en la popularidad del Bitcoin. En esta sección, discutiremos una variedad de billeteras de Bitcoin, como las billeteras de software (para escritorio, móviles y basadas en la web), las billeteras de hardware, las billeteras de papel y las billeteras multifirma. Las billeteras de software pueden utilizarse en computadoras de escritorio, dispositivos móviles y en la web. En cuanto a la elección de una billetera de Bitcoin, examinaremos sus características, beneficios y factores de seguridad para orientarte en tomar una decisión informada.

Las billeteras de software facilitan el acceso y la gestión de tus activos de Bitcoin y son altamente recomendadas. Las billeteras de escritorio, como Bitcoin Core y Electrum, te brindan control total sobre tus claves privadas y crean un entorno seguro para realizar transacciones de Bitcoin. Debido a su portabilidad y simplicidad de operación, las billeteras móviles como Electrum y Mycelium son ideales para usar en transacciones financieras regulares. Las billeteras alojadas en internet, como Coinbase y Blockchain.com, se pueden acceder a través de un navegador web, lo que te permite gestionar tus tenencias de Bitcoin desde varios dispositivos. Sin embargo, las billeteras basadas en la web dependen de las medidas de seguridad tomadas por el proveedor del servicio.

Un dispositivo tangible conocido como una billetera de hardware está diseñado para mantener tus claves privadas fuera de línea. Agregan un grado adicional de protección al evitar que posibles peligros de internet entren en contacto con tus claves. Las billeteras de hardware, como Trezor, Ledger y KeepKey, generan y almacenan las claves privadas dentro del propio dispositivo. Estas claves privadas se utilizan para acceder a la billetera. Las transacciones se firman digitalmente dentro de la billetera de hardware, garantizando que las claves privadas nunca se exporten del dispositivo de ninguna manera. Aquellos que planean mantener sus fondos de Bitcoin durante un período prolongado suelen utilizar billeteras de hardware, ya que ofrecen un nivel óptimo de protección sin sacrificar la facilidad de uso

Las billeteras de papel ofrecen una solución de almacenamiento fuera de línea para las tenencias de Bitcoin que se mantienen durante un período prolongado. Te solicitan imprimir tus claves privadas y las direcciones de Bitcoin asociadas en un medio físico, generalmente papel. Las billeteras de papel ofrecen un alto nivel de protección porque sus claves privadas se almacenan fuera de línea, lejos de posibles amenazas que pueda presentar internet. Sin embargo, debido a la forma física de los elementos, son propensas a dañarse, perderse o ser robadas. La generación de billeteras de papel debe llevarse a cabo en plataformas confiables y seguras, ya que esto protegerá la autenticidad de las claves creadas.

Las transacciones de Bitcoin solo pueden ser autorizadas por billeteras multifirma si se proporcionan más de una firma. Ofrecen un nivel superior de seguridad y protección contra el robo al requerir la participación de varias partes antes de que se pueda iniciar una transacción. Las billeteras que admiten múltiples firmas, o multisig, son especialmente útiles para cuentas bancarias conjuntas y empresas que necesitan que varias personas aprueben cada transacción. Las billeteras multifirma brindan una capa adicional de seguridad, protección contra puntos únicos de falla y una mayor transparencia para cuentas compartidas. Esto se logra compartiendo la autoridad de firma entre varias partes.

Al elegir una billetera de Bitcoin, hay algunas consideraciones importantes que se deben tener en cuenta:

Dale alta prioridad a las billeteras que ofrecen sólidas características de seguridad, como el control sobre las claves privadas, la encriptación y la opción de respaldar y recuperar tu billetera. Evalúa al proveedor de la billetera en cuanto a su reputación y trayectoria, así como su dedicación a los mejores procedimientos de seguridad.

Considera los requisitos que tienes en cuanto a facilidad de acceso y comodidad. Una billetera móvil es una opción a tener en cuenta si haces muchos negocios mientras te desplazas. Es posible que una billetera de hardware sea la mejor opción para alguien que le da importancia a la seguridad. Realiza una evaluación de tu estilo de vida y las cosas que son importantes para ti con el fin de encontrar el compromiso óptimo entre conveniencia y seguridad.

Realiza un análisis de la experiencia del usuario y la interfaz de usuario de la billetera. Asegúrate de que la billetera sea fácil de usar, tenga una interfaz sencilla y brinde un servicio al cliente confiable en caso de que encuentres dificultades. Tu experiencia completa con Bitcoin puede mejorarse utilizando una billetera que sea fácil de usar.

Es esencial para la gestión segura de tus activos digitales que te familiarices con los diversos tipos de billeteras de Bitcoin. Diferentes tipos de billeteras, como las billeteras de hardware y de software, las billeteras de papel y las billeteras multifirma, ofrecen diferentes niveles de facilidad, seguridad y control sobre tus claves privadas. Al seleccionar una billetera de Bitcoin, es importante tener en cuenta los siguientes factores: características de seguridad, facilidad de uso, accesibilidad, experiencia del usuario y soporte. Haz de la seguridad una prioridad principal creando copias de seguridad de tu billetera de manera regular y según las mejores prácticas. Podrás seleccionar con confianza una billetera de Bitcoin que cumpla con tus criterios y gestionar tus activos digitales sin experimentar ansiedad si primero comprendes las posibilidades disponibles y luego alineas esas opciones con tus requisitos específicos.

Comprender las direcciones y claves privadas de Bitcoin

En el ámbito de Bitcoin, es absolutamente necesario tener una comprensión sólida de los conceptos de direcciones y claves privadas para gestionar y proteger eficazmente tus activos digitales. Las direcciones de Bitcoin se utilizan como la identidad pública, lo que te permite recibir fondos. Por otro lado, las claves privadas son las claves secretas que proporcionan prueba de propiedad y permiten realizar transacciones de manera segura. En esta sección, exploraremos las complejidades de las direcciones y claves privadas de Bitcoin, incluyendo sus responsabilidades, conceptos criptográficos, formas de direcciones y la relevancia de una administración segura. Específicamente, nos enfocaremos en cómo se formatean las direcciones de Bitcoin. Podrás recorrer el mundo de Bitcoin con confianza y resguardar tu riqueza digital si tienes un conocimiento exhaustivo de estos conceptos clave.

Las direcciones de Bitcoin son identificadores alfanuméricos compuestos por letras y números, y funcionan como la identificación pública de un usuario dentro de la red Bitcoin. Son el punto final de contacto para las transacciones de Bitcoin y son un componente esencial en el proceso de recibir pagos. Las direcciones de Bitcoin se generan mediante una combinación de operaciones matemáticas complicadas y métodos criptográficos. Esto asegura que cada dirección sea completamente única y que se mantenga segura. Estas direcciones pueden encontrarse en varios formatos, como las direcciones heredadas que comienzan con "1", las direcciones SegWit que comienzan con "3" y las direcciones Bech32 que comienzan con "bc1". Los usuarios pueden seleccionar la opción que mejor se adapte a sus necesidades, ya que cada formato tiene sus propios beneficios y problemas de compatibilidad.

Tus tenencias de Bitcoin solo son accesibles mediante el uso de una clave privada, que es una cadena de números extensa generada al azar. Estas se derivan de algoritmos criptográficos, siendo el más común conocido como Criptografía de Curva Elíptica (ECC, por sus siglas en inglés). La firma de transacciones y el establecimiento de la propiedad requieren el uso de claves privadas, necesarias para este propósito. Las direcciones de Bitcoin se generan utilizando claves públicas; sin embargo, las claves privadas no se hacen públicas y deben mantenerse en un lugar seguro. El hecho de que perder la posesión de tus claves privadas puede resultar en la pérdida de tus tenencias de Bitcoin destaca la importancia de evitar que estas claves sean accedidas de manera no autorizada.

Las direcciones de Bitcoin y las claves privadas están estrechamente relacionadas en cuanto a sus propiedades criptográficas. Las direcciones de Bitcoin se forman a partir de claves públicas, que se derivan de las claves privadas correspondientes en la red de Bitcoin. La relación entre direcciones y claves privadas es unidireccional, lo que significa que no puedes derivar la clave privada a partir de la dirección o la clave pública. Este es un punto esencial para tener en cuenta, ya que es crucial destacar. La seguridad e integridad de las transacciones de Bitcoin están protegidas por esta relación, que solo va en una dirección. Al gastar Bitcoin desde una dirección específica o transferir Bitcoin de una dirección a otra, se requiere proporcionar prueba de propiedad mediante una firma válida generada con la clave privada asociada. Esta verificación criptográfica asegura que solo el legítimo propietario de una dirección de Bitcoin particular puede acceder y gestionar los fondos vinculados a esa dirección.

Es absolutamente necesario garantizar la seguridad de tus direcciones de Bitcoin y claves privadas si deseas proteger tus fondos digitales. Los siguientes comportamientos contribuyen a su sensación de seguridad:

Es absolutamente necesario crear copias de seguridad de tus claves privadas y direcciones relacionadas de forma regular para protegerlas de pérdidas o daños. Billeteras de papel, billeteras de hardware o copias de seguridad digitales que estén encriptadas de manera segura pueden utilizarse como métodos de preservación de datos. Puedes asegurar el acceso y recuperación de tus fondos incluso si una copia de tu clave privada se pierde o se destruye, produciendo copias redundantes y almacenándolas en diferentes lugares.

Tus claves privadas y direcciones no serán accesibles a través de internet cuando las almacenes utilizando una técnica de almacenamiento sin conexión, lo que añade otra capa de protección a tus datos. Opciones populares para el almacenamiento en frío incluyen billeteras de hardware, que son dispositivos físicos creados específicamente con el propósito de guardar de manera segura las claves privadas, así como billeteras de papel, en las cuales la clave privada se imprime en papel. Puedes proteger tus claves privadas de posibles peligros en línea como hackeos y virus si las almacenas en un lugar que no está conectado a internet.

Es absolutamente necesario hacer uso de equipos y conexiones seguras cada vez que accedes a tus direcciones o claves privadas. Es mejor evitar el uso de computadoras públicas o redes con las que no estés familiarizado, ya que hacerlo podría poner en riesgo la seguridad de tus claves. Asegúrate de que ninguno de tus dispositivos esté infectado con software malicioso y de que todas tus conexiones estén cifradas y sean seguras. Puedes reducir la probabilidad de que partes no autorizadas tengan acceso a tus claves privadas si tomas precauciones y sigues políticas de acceso establecidas.

Un grado adicional de protección puede agregarse a tu billetera de Bitcoin al cambiar tus direcciones de Bitcoin de manera regular y generar nuevos pares de claves. Este método disminuye el peligro que conlleva la exposición de claves durante un período prolongado y mejora la privacidad en general. Puedes dificultar que posibles atacantes monitoricen tu historial de transacciones y lo relacionen con una sola dirección o clave al crear constantemente nuevas direcciones y pares de claves. Esto dificulta que posibles atacantes roben tu criptomoneda.

Es absolutamente necesario tener un sólido entendimiento de las direcciones de Bitcoin y las claves privadas para gestionar eficientemente y proteger tu riqueza digital. Las direcciones de Bitcoin se utilizan como la identidad pública, lo que te permite recibir fondos. Las claves privadas, por otro lado, son las claves secretas que proporcionan prueba de propiedad y permiten realizar transacciones de manera segura. Puedes reducir la probabilidad de que te roben tus tenencias de Bitcoin y asegurar su seguridad a largo plazo si adoptas la rotación de claves y la gestión segura de tus direcciones de Bitcoin y claves privadas. Esto se puede lograr mediante el uso de procedimientos de copia de seguridad y recuperación, soluciones de almacenamiento en frío, protocolos de acceso seguros y otras actividades similares. Ten en cuenta que el almacenamiento seguro de tus claves privadas es muy necesario para que puedas seguir ejerciendo control y propiedad sobre tu riqueza digital en el mundo descentralizado de Bitcoin.

Utilizando Bitcoin para transacciones

Bitcoin, que funciona como una moneda digital descentralizada, ha alterado fundamentalmente la forma en que se realizan las transacciones. Bitcoin ha ganado popularidad entre individuos y empresas de todo el mundo debido a las cualidades distintivas que posee, que incluyen transparencia, seguridad y el hecho de que no tiene fronteras. En esta sección, exploraremos el proceso de utilizar Bitcoin para transacciones, incluyendo sus ventajas y desventajas, los pasos necesarios para enviar y recibir Bitcoin, la función de las billeteras y direcciones, las tarifas asociadas con las transacciones de Bitcoin y el paisaje siempre cambiante de los pagos con Bitcoin. Individuos y empresas pueden aprovechar las posibilidades presentadas por esta forma innovadora de moneda digital si tienen un conocimiento completo de cómo se puede utilizar Bitcoin para transacciones financieras.

Las transacciones basadas en Bitcoin implican la transferencia de valor de una parte a otra a través del uso de la red de Bitcoin. Esto se logra mediante el uso de técnicas criptográficas en conjunción con la naturaleza descentralizada de la cadena de bloques para garantizar que todas las transacciones sean seguras, inmutables y transparentes. Las transacciones de Bitcoin ofrecen varias ventajas sobre los métodos de pago tradicionales, incluyendo tiempos de liquidación más rápidos, tarifas reducidas, accesibilidad global y mayor privacidad en comparación con las instituciones bancarias existentes.

Las billeteras de Bitcoin son, en esencia, cajas de seguridad digitales que se pueden utilizar para la gestión y almacenamiento de Bitcoins. Están disponibles en diversas formas, como billeteras de software para escritorio, móviles y basadas en web, así como billeteras de hardware, billeteras de papel y billeteras multisig. Las billeteras permiten a los usuarios crear y gestionar direcciones de Bitcoin, que funcionan como identificadores únicos para recibir fondos y pueden ser generadas por el usuario. Las direcciones de Bitcoin son esenciales para identificar al destinatario de una transacción, ya que se obtienen a partir de claves públicas. Estas claves se distribuyen públicamente.

Para poder enviar Bitcoin, la billetera del remitente debe tener un saldo suficiente. Necesitan la dirección de Bitcoin del destinatario, que puede obtenerse mediante el intercambio de direcciones únicas de Bitcoin entre el remitente y el destinatario, o escaneando un código QR. La transacción es generada y firmada por la billetera del remitente con la clave privada del remitente, proporcionando una prueba criptográfica de que se mantuvo la propiedad. Después, la transacción firmada se transmite a la red de Bitcoin, donde los mineros la validan y verifican antes de que se incluya en un bloque.

El remitente debe tener la dirección de Bitcoin del destinatario para que este reciba Bitcoin. Esta dirección puede mostrarse en forma de una cadena de texto o puede codificarse en un código QR para facilitar el escaneo. Cuando el remitente inicia la transacción, esta se convierte inmediatamente en parte de un conjunto de otras transacciones que aún no han sido confirmadas. Los mineros validan transacciones individuales antes de elegir cuáles incluir en un bloque. Una vez que un minero logra minar con éxito un bloque que contiene la transacción, la transacción se considera confirmada, se hace visible en la billetera del destinatario y se coloca en la cadena de bloques para garantizar que no se pueda alterar.

Las tarifas de transacción son un costo común asociado con las transacciones de Bitcoin. Estos costos brindan un incentivo para que los mineros prioricen la inclusión de estas transacciones en bloques. La cantidad de la tarifa se decide mediante varios parámetros, incluido el tamaño de la transacción, el nivel de congestión de la red y la velocidad de confirmación requerida. El tiempo necesario para la confirmación puede cambiar según el estado de la red. La finalidad de las transacciones de Bitcoin se determina normalmente mediante la realización de varias confirmaciones, cuya duración se determina según las tarifas asociadas con la transacción, el nivel de congestión de la red y el nivel deseado de seguridad.

Beneficios como menores costos de transacción y un alcance de clientes más amplio están impulsando un aumento constante en la cantidad de comerciantes que adoptan Bitcoin. El uso de Bitcoin ha aumentado debido al creciente número de grandes empresas, minoristas en línea y proveedores de servicios que ahora lo aceptan como forma de pago. Los procesadores de pago facilitan las transacciones de Bitcoin entre comerciantes y clientes, convirtiendo los pagos de Bitcoin en monedas tradicionales si el comerciante así lo elige y ofreciendo opciones más simplificadas a las empresas. La solución de escalabilidad de capa 2 conocida como la Lightning Network se creó sobre la cadena de bloques de Bitcoin. Permite transacciones rápidas a un bajo costo a través de canales de pago, lo que mejora la capacidad de escalabilidad de Bitcoin y fomenta su uso en transacciones cotidianas.

El uso de Bitcoin para transacciones financieras tiene una amplia variedad de ventajas, como tiempos acelerados de liquidación de transacciones, tarifas reducidas, accesibilidad global y mayor anonimato. Individuos y empresas adquieren la capacidad de aprovechar la promesa de esta innovadora moneda digital al comprender los pasos necesarios para enviar y recibir Bitcoins, la función de las billeteras y direcciones, las tarifas asociadas con las transacciones de Bitcoin y el cambiante panorama de los pagos con Bitcoin. La influencia que Bitcoin está teniendo en el sistema financiero mundial está cambiando los métodos de pago tradicionales al ofrecer una alternativa descentralizada y eficiente para realizar transacciones. Tanto individuos como empresas pueden abrirse a un mundo de oportunidades y beneficiarse del potencial revolucionario de la moneda digital si adoptan Bitcoin.

Envío y recepción de pagos con Bitcoin

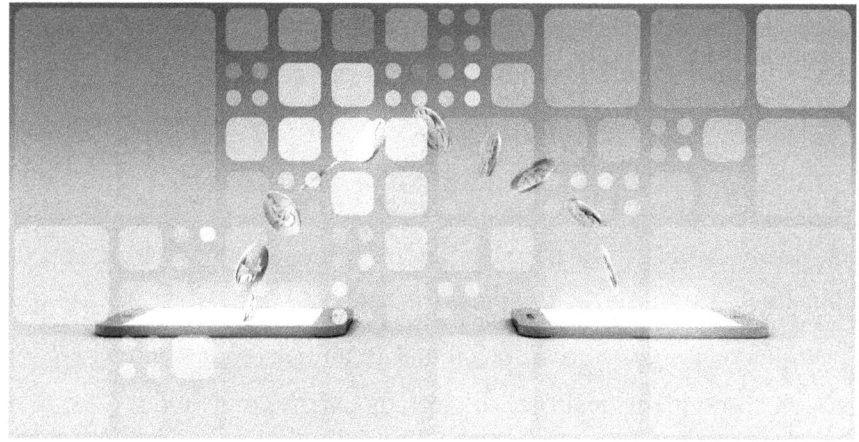

Con su forma descentralizada y eficaz de completar transacciones, Bitcoin ha surgido como una fuerza disruptiva en el mundo de las finanzas. Es vital comprender las sutilezas de enviar y recibir pagos en Bitcoin si deseas tener éxito en este entorno digital. Esta sección examinará los pasos involucrados en una transacción de Bitcoin, incluyendo la función de billeteras y direcciones, confirmación de transacciones y problemas de seguridad. También hablaremos sobre cómo se están desarrollando los pagos con Bitcoin, incluida la aceptación por parte de comerciantes y la incorporación de la Red Lightning. Comprender las complejidades de los pagos con Bitcoin permitirá tanto a consumidores como a organizaciones aprovechar al máximo las capacidades de esta innovadora moneda digital.

El valor se transfiere de una parte a otra a través de la red de Bitcoin durante una transacción. Estas transacciones se registran en la cadena de bloques, un libro de contabilidad público que es abierto e inmutable. En comparación con los métodos de pago convencionales, las transacciones de Bitcoin tienen varias ventajas, incluidos tiempos de liquidación más rápidos, tarifas más bajas, accesibilidad a escala mundial y mayor privacidad.

Bitcoin se gestiona y almacena digitalmente a través de billeteras de Bitcoin. Pueden encontrarse en varias formatos, como billeteras de hardware, billeteras de papel, billeteras multisignatura y billeteras de software (de escritorio, móviles y basadas en la web). Los usuarios pueden crear y gestionar direcciones de Bitcoin en las billeteras, que sirven como identificadores distintivos para recibir fondos.

Para enviar Bitcoin, se requiere un saldo significativo en la billetera, así como la dirección de Bitcoin del destinatario. La dirección del destinatario, la cantidad de Bitcoin a enviar y cualquier otra información se ingresan en la billetera del remitente para generar una transacción. Luego, la clave privada del remitente se utiliza para firmar digitalmente la transacción, estableciendo la propiedad de manera segura. La red de Bitcoin difunde esta transacción firmada, y los mineros verifican su validez.

El destinatario proporciona al remitente su dirección de Bitcoin para recibir Bitcoin. La dirección puede mostrarse como una serie de caracteres o escanearse convenientemente como un código QR. Cuando el remitente inicia la transacción, esta ingresa a un grupo de transacciones no confirmadas. Para garantizar su inmutabilidad, los mineros eligen transacciones de este grupo, las verifican y las añaden a un bloque en la cadena de bloques.

Con el fin de prevenir fraudes y accesos no autorizados, la seguridad es esencial en las transacciones de Bitcoin. Las transacciones de Bitcoin son autorizadas por claves privadas, las cuales deben ser protegidas y guardadas en un lugar seguro. Opciones como billeteras de hardware, billeteras de papel y copias de seguridad digitales encriptadas ofrecen sólidas protecciones de seguridad. Además, garantizar la integridad de las transacciones de Bitcoin depende de la seguridad de la red y de evitar fraudes y estafas.

El uso de Bitcoin por parte de las empresas sigue aumentando, debido a ventajas como costos de transacción más bajos y una base de consumidores más amplia. La utilidad de Bitcoin ha aumentado como resultado de su integración como opción de pago por parte de grandes empresas, comerciantes en línea y proveedores de servicios. Los procesadores de pagos facilitan las transacciones con Bitcoin para empresas y clientes al garantizar transacciones fluidas y, si es necesario, convertir los pagos en Bitcoin a monedas más convencionales. Una solución de escalabilidad de capa 2 llamada Lightning Network mejora la escalabilidad de Bitcoin al permitir transacciones rápidas y económicas a través de sistemas de pago.

Los pagos con Bitcoin brindan tanto a individuos como a empresas una forma revolucionaria de realizar transacciones financieras. La manera en que realizamos negocios está cambiando debido a la eficiencia, rapidez y accesibilidad mundial de Bitcoin. Tanto individuos como organizaciones pueden aprovechar al máximo el potencial de esta innovadora moneda digital conociendo los pasos involucrados en las transacciones de Bitcoin, la función de las billeteras y direcciones, la confirmación de transacciones, consideraciones de seguridad y el entorno cambiante de los pagos con Bitcoin. Se espera que la influencia de Bitcoin en el sistema financiero mundial transforme los sistemas de pago establecidos al proporcionar una alternativa descentralizada y eficaz a medida que aumenta el uso de la criptomoneda.

Capítulo IV

Minería de Bitcoin y la Cadena de Bloques

Cómo funciona la minería de Bitcoin

Para la validación de transacciones, la seguridad de la red y la creación de nuevos Bitcoins, la minería de bitcoin, un procedimiento crucial en el mundo de las criptomonedas, es necesaria. Esta sección busca explorar los procesos intrincados de la minería de Bitcoin, incluyendo sus motivaciones, roles de los mineros, el procedimiento de validación de bloques, el mecanismo de consenso, hardware y software de minería, y sus efectos en el medio ambiente. Se puede obtener una comprensión más profunda de la tecnología subyacente de esta revolucionaria moneda digital al entender el funcionamiento interno de la minería de Bitcoin.

La seguridad de la red y la emisión de nuevos Bitcoins son los dos objetivos principales de la minería de Bitcoin. Al participar en el proceso de minería, los usuarios contribuyen a la seguridad y confiabilidad de la red de Bitcoin, reduciendo el fraude y preservando la confianza del usuario. Los Bitcoins recién creados también se entregan a los mineros como pago, incentivando su participación.

Dentro de la red de Bitcoin, los mineros llevan a cabo responsabilidades cruciales. Verifican las transacciones para asegurarse de que sean genuinas y cumplan con las reglas de la red. Además, los algoritmos de Prueba de Trabajo (PoW) plantean problemas matemáticos desafiantes que los mineros compiten por resolver con el fin de generar nuevos bloques que incluyen lotes de transacciones validadas. De esta manera, los mineros ayudan a los participantes de la red a mantener el consenso.

Para validar la validez de las transacciones y agregar nuevos bloques a la cadena de bloques, los mineros deben completar una serie de etapas conocidas como validación de bloques. Para resolver el rompecabezas PoW, eligen transacciones no confirmadas de la mempool, construyen el encabezado del bloque, modifican el valor del nonce y transmiten el bloque verificado a la red. La validez del bloque es posteriormente verificada por otros mineros antes de incluirlo en su copia local de la cadena de bloques.

Los mineros de Bitcoin utilizan hardware y software especializados para llevar a cabo sus operaciones de minería. Los Circuitos Integrados Específicos de Aplicación (ASIC), un tipo de hardware de minería, están diseñados específicamente para realizar los cálculos complejos necesarios para resolver los algoritmos PoW. El software de minería automatiza la validación de transacciones y la formación de bloques, promueve la conexión con otros nodos y controla el proceso de minería.

Se han planteado preocupaciones sobre el impacto ambiental de la minería de Bitcoin debido a su consumo de energía. Las operaciones mineras requieren una gran cantidad de potencia computacional, lo que resulta en un consumo significativo de electricidad, especialmente en áreas donde la generación de energía está dominada por combustibles fósiles. Sin embargo, se están tomando medidas para abordar este problema. Al cambiar a fuentes de energía renovable, algunos mineros están reduciendo su huella de carbono. Además, la investigación se centra en la creación de equipos de minería que utilicen menos energía y en mejorar los algoritmos de minería.

La minería de Bitcoin es esencial para la creación de nuevos Bitcoins, la seguridad de la red y la validación de transacciones. Las personas pueden obtener una comprensión completa de este novedoso proceso al entender la función de la minería, el papel de los mineros, el procedimiento de validación de bloques, el hardware y software involucrados, y el impacto ambiental. Aunque la minería tiene problemas en cuanto al consumo de energía, los esfuerzos continuos para mejorar la eficiencia energética y adoptar fuentes de energía renovable buscan reducir su impacto ambiental. La capacidad innovadora de las monedas digitales y su capacidad para cambiar la naturaleza del sistema financiero global se demuestran mediante la minería de Bitcoin.

Opciones de hardware y software de minería.

Un componente clave del ecosistema de la moneda digital, la minería de criptomonedas depende de tecnología y software especializados. A medida que la tecnología minera ha avanzado, ahora ofrece una variedad de soluciones para satisfacer las crecientes necesidades de los mineros. La complejidad de las alternativas de hardware y software de minería, así como sus características, beneficios y desventajas, se examinará en esta sección. Las personas pueden maximizar su potencial de minería y tomar decisiones informadas si están al tanto de los matices del equipo de minería.

El término "hardware de minería" describe maquinaria especializada diseñada para llevar a cabo los cálculos complejos necesarios para la minería de criptomonedas. Contribuye significativamente a la eficiencia y potencia de cómputo de las operaciones mineras, lo cual es esencial para su éxito. Las Unidades de Procesamiento Central (CPU), Unidades de Procesamiento Gráfico (GPU) y Circuitos

Integrados Específicos de Aplicación (ASIC) son las tres principales categorías de hardware de minería.

Aunque en algún momento fueron la opción preferida para la minería, las CPU han perdido parte de su eficiencia debido a su naturaleza multipropósito. La capacidad de procesamiento paralelo de las GPU, creadas inicialmente para juegos y aplicaciones multimedia, las hace adecuadas para la minería. Por otro lado, los ASIC son dispositivos diseñados específicamente para la minería de criptomonedas y ofrecen una potencia de hash y eficiencia energética incomparables.

Cada tipo de equipo de minería tiene sus ventajas y desventajas. A pesar de su versatilidad, las CPU ya no son competitivas para la minería de Bitcoin, aunque aún se pueden utilizar para minar algunas altcoins. Debido a su flexibilidad y capacidad de procesamiento paralelo, las GPU son populares entre los mineros y son excelentes para la minería de diversas criptomonedas. Debido a su rendimiento superior y diseño especializado, los ASIC predominan en la minería de Bitcoin.

El software de minería conecta la red de Bitcoin y los dispositivos de minería. Permite a los mineros gestionar tareas y realizar un seguimiento del rendimiento mientras se conectan a grupos de minería. Hay numerosas posibilidades:

Una copia completa de la cadena de bloques puede ser descargada y mantenida por los mineros mediante software de nodo completo como Bitcoin Core, lo que aumenta la seguridad y descentralización de la red.

Colaborando y combinando su poder computacional, los mineros pueden utilizar software de grupos de minería para aumentar sus posibilidades de obtener recompensas. El software de grupos de minería, como CGMiner y BFGMiner, facilita la coordinación y distribución de tareas entre los mineros participantes.

Con el propósito de la minería de criptomonedas, se han creado sistemas operativos especializados para minería, como EthOS, SimpleMining y HiveOS. Estos sistemas incluyen interfaces de usuario fáciles de usar, herramientas de gestión de minería y una mayor estabilidad de las plataformas de minería.

Las opciones de equipos y software de minería están cambiando constantemente debido a nuevos desarrollos en tecnología. Los fabricantes de ASIC frecuentemente introducen nuevos modelos con mejor rendimiento y eficiencia. La potencia y eficiencia de las GPU también están mejorando. Se incorporan nuevas características en el software de minería para aumentar la productividad y rentabilidad.

Al elegir equipos de minería, los mineros deben tener en cuenta varios factores. El gasto inicial, el consumo eléctrico y la rentabilidad potencial son todos costos a considerar. Debido a que diferentes criptomonedas utilizan diferentes algoritmos de minería y porque diferentes tipos de hardware y software pueden no ser compatibles entre sí, la compatibilidad del algoritmo de minería es crucial.

Para obtener los mejores resultados en la minería, es esencial seleccionar el hardware y software adecuados. Se deben tener en cuenta el costo, la compatibilidad, la potencia computacional y la eficiencia energética. Para mantenerse competitivos en el acelerado mundo de la minería de criptomonedas, los mineros deben mantenerse al tanto de los avances tecnológicos.

El potencial completo de la minería de criptomonedas se puede desbloquear eligiendo la combinación adecuada de hardware y software, ya sea utilizando GPUs para la minería de altcoins, ASICs para la minería de Bitcoin o software de minería especializado para una administración efectiva. Al utilizar el equipo de minería apropiado, los mineros pueden participar de manera efectiva en este ecosistema dinámico y contribuir a la expansión y seguridad del mundo de las monedas digitales.

Unirse a un grupo de minería

La minería de criptomonedas hoy en día requiere muchos recursos y es competitiva. Unirse a un grupo de minería ha surgido como una opción, ya que los mineros individuales tienen dificultades para obtener rendimientos consistentes. Al agrupar sus recursos computacionales, los mineros pueden aumentar sus posibilidades de minar bloques con éxito y obtener recompensas. Esta sección examina la idea de los grupos de minería, sus beneficios, cómo unirse a un grupo, opciones destacadas de grupos de minería y factores a tener en cuenta al elegir el mejor grupo. Las personas pueden aumentar la rentabilidad de su minería y participar activamente en la comunidad de minería de Bitcoin al conocer los mecanismos de los grupos de minería.

Plataformas colaborativas llamadas grupos de minería permiten a los mineros individuales combinar su poder computacional y minar bloques juntos. Esta estrategia tiene varios beneficios. En primer lugar, al contribuir al esfuerzo colectivo de minería, se aumenta la posibilidad de obtener recompensas. En segundo lugar, en comparación con la minería en solitario, que podría verse afectada por la dificultad de minería y la suerte, los grupos de minería ofrecen retornos más confiables. A través de los grupos de minería, los mineros también pueden acceder a estadísticas en tiempo real, monitorear su progreso y obtener soporte técnico.

Los mineros deben realizar una investigación exhaustiva, elegir un grupo confiable, establecer una cuenta, configurar su software de minería y conectarse al servidor de minería del grupo para unirse a un grupo de minería.

Al evaluar diferentes grupos de minería, los mineros deben tener en cuenta factores como el tamaño del grupo, los costos de minería, las opciones de recompensa, la reputación y el soporte de la comunidad. Los foros en línea y los sitios web de comparación de grupos pueden ofrecer consejos útiles para elegir el mejor grupo.

Al proporcionar los detalles necesarios, como una dirección de correo electrónico, un nombre de usuario y una contraseña, los mineros crean una cuenta en el grupo seleccionado. Por razones de seguridad, algunos grupos pueden exigir procedimientos adicionales de verificación.

Para conectarse al grupo de minería, los mineros configuran su software de minería. Se deben especificar la dirección IP, el número de puerto y las credenciales del servidor de minería del grupo. Cada programa de minería tiene un procedimiento de configuración único que, dependiendo de los requisitos del grupo en particular, también puede incluir otros parámetros.

Al iniciar su programa de minería con la configuración especificada, los mineros inician la conexión al grupo de minería. Los mineros pueden contribuir con su capacidad de procesamiento al esfuerzo conjunto de minería al conectarse a través del programa al servidor de minería del grupo.

Slush Pool, F2Pool y Antpool son solo algunos de los conocidos grupos de minería disponibles. Slush Pool es uno de los primeros grupos de minería que ofrece confiabilidad y transparencia. Utiliza un sistema de recompensas basado en puntajes que tiene en cuenta los esfuerzos acumulativos de un minero. Bitcoin, así como otras criptomonedas, pueden ser minadas con Slush Pool.

Uno de los grupos de minería más grandes del mundo es F2Pool, comúnmente conocido como Discus Fish. Admite varias criptomonedas y utiliza un mecanismo de recompensa pay-per-share (PPS) para garantizar que los mineros reciban pagos regulares. El servicio confiable y la sólida infraestructura de F2Pool son bien conocidos.

Uno de los mayores grupos de minería de Bitcoin es Antpool, dirigido por Bitmain. Ofrece opciones de recompensa variables y es compatible con diferentes algoritmos de minería. Con la ayuda de los sistemas de recompensa PPS+ y Full Pay-Per-Share (FPPS) de Antpool, los mineros pueden esperar ingresos estables.

Al elegir un grupo de minería, los mineros deben tener en cuenta varias cosas. El tamaño y la distribución del hashrate de un grupo pueden afectar la productividad y los pagos de la minería. Mientras que los grupos más pequeños pueden ofrecer recompensas más grandes con una mayor fluctuación, los grupos más grandes a menudo brindan pagos más constantes. Según su nivel de tolerancia al riesgo y su experiencia preferida en minería, los mineros deben encontrar un equilibrio.

Normalmente, los grupos de minería deducen una tarifa de las recompensas otorgadas a los mineros a cambio de sus servicios. Los mineros deben comparar los horarios de tarifas y tener en cuenta cómo se relacionan con las características, la confiabilidad y la consistencia de los pagos del grupo.

Los grupos de minería utilizan diferentes estrategias de compensación, como Pay-Per-Share (PPS), Pay-Per-Last-N-Shares (PPLNS) y sistemas basados en puntajes. Comprender las estrategias de pago utilizadas por un grupo ayudará a los mineros a decidir cuál se adapta mejor a sus preferencias y objetivos de minería.

Una experiencia de minería más confiable está garantizada cuando te unes a un grupo respetado y establecido. Los mineros deben tener en cuenta la reputación del grupo, su participación en la comunidad y la asistencia ofrecida a sus miembros.

Los mineros individuales tienen la oportunidad de aumentar la rentabilidad de su minería mediante la minería colaborativa al unirse a un grupo de minería. Los mineros mejoran sus posibilidades de minar bloques y obtener recompensas al compartir la potencia de procesamiento. La investigación exhaustiva, la elección de un grupo confiable, la configuración de una cuenta, la configuración del software de minería y la conexión al servidor de minería del grupo son pasos en el procedimiento.

Al elegir un grupo de minería, los mineros deben tener en cuenta elementos como el tamaño del grupo, la distribución del hashrate, las tarifas de minería, los métodos de pago, la reputación y el respaldo de la comunidad. Los mineros pueden seleccionar un grupo que se ajuste a sus objetivos de minería, tolerancia al riesgo y nivel deseado de consistencia en las recompensas al sopesar cuidadosamente estos aspectos. Unirse a un grupo de minería proporciona un sentido de camaradería y apoyo dentro del entorno de minería de Bitcoin, además de aumentar la probabilidad de recibir recompensas. Las personas pueden participar activamente en la comunidad de minería de criptomonedas mientras aumentan la rentabilidad de su minería mediante el uso de grupos de minería para la minería colaborativa.

El papel de la cadena de bloques en la seguridad de las transacciones de Bitcoin

La cadena de bloques es la tecnología fundamental para la moneda digital descentralizada Bitcoin, la cual depende de ella para asegurar las transacciones. La cadena de bloques proporciona un libro de contabilidad público visible e inmutable que registra todas las transacciones de Bitcoin. La función fundamental de la cadena de bloques en la protección de las transacciones de Bitcoin se examina en esta sección. Se profundiza en los elementos esenciales de la cadena de bloques, como los métodos de consenso y verificación de transacciones, así como en cómo la cadena de bloques afecta la confianza y la seguridad dentro del ecosistema de Bitcoin y cómo resiste el fraude y la manipulación. Las personas pueden comprender la importancia de la cadena de bloques en el establecimiento de un sistema seguro y confiable para las transacciones de Bitcoin al conocer su función.

Todas las transacciones de Bitcoin son rastreadas por el libro de contabilidad distribuido conocido como la cadena de bloques. Opera como una cadena de bloques que es transparente e inmutable, con cada bloque que contiene un conjunto de transacciones. Una red descentralizada de computadoras, también conocidas como nodos, es responsable de actualizar y mantener la cadena de bloques. La seguridad y confiabilidad del sistema se ven beneficiadas por su transparencia e inmutabilidad.

Un componente clave para proteger las transacciones de Bitcoin es la verificación de transacciones. Una transacción debe pasar por validación antes de ser registrada en la cadena de bloques. La autenticidad de la transacción es confirmada por mineros o nodos validadores, quienes se aseguran de que siga las pautas del protocolo de Bitcoin y de que el remitente tenga fondos suficientes. Para llegar a un consenso entre los nodos con respecto a la secuencia y validez de las transacciones, técnicas de consenso como Prueba de Trabajo (PoW) o Prueba de Participación (PoS) son esenciales. Estos controles protegen la integridad de la cadena de bloques y evitan el doble gasto.

La integridad de las transacciones de Bitcoin está garantizada por la cadena de bloques, la cual está diseñada para resistir fraudes y manipulaciones. Cada bloque en una cadena irreversible está conectado al bloque anterior mediante algoritmos criptográficos de hash. Debido a esta conexión, es muy desafiante para los atacantes cambiar transacciones anteriores de manera encubierta. La estructura distribuida de la cadena de bloques, donde se mantienen varias copias a lo largo de una red de nodos, agrega una capa adicional de protección. Es casi imposible cambiar una transacción en una copia de la cadena de bloques sin afectarla también en todas las versiones. La cadena de bloques está protegida contra ataques maliciosos y manipulaciones por su paradigma de seguridad basado en el consenso.

Dentro del ecosistema de Bitcoin, la cadena de bloques es crucial para construir confianza y seguridad. La cadena de bloques permite transacciones directas entre pares, eliminando intermediarios como bancos o procesadores de pagos y reduciendo la dependencia de terceros. Cualquiera puede verificar y auditar transacciones debido a la transparencia y auditabilidad de la cadena de bloques. Al permitir que los usuarios verifiquen de manera independiente la integridad del sistema, esta transparencia promueve la confianza dentro del ecosistema. El mecanismo de consenso y las características de seguridad incorporadas de la tecnología establecen un sistema sin confianza debido a la cadena de bloques. Los participantes pueden realizar transacciones sin tener que depositar su confianza mutua en los demás, confiando en la seguridad y transparencia de la cadena de bloques.

"Se están implementando mejoras continuas y controles de seguridad para impulsar aún más la seguridad y efectividad de la cadena de bloques. Segregated Witness (SegWit), una actualización de protocolo que separa las firmas de transacción de los datos de la transacción, es un ejemplo de dicha medida. Esta actualización aumenta la capacidad de transacción y reduce algunas amenazas. Además, soluciones de capa 2 como la Lightning Network buscan mejorar la escalabilidad y el anonimato de la red Bitcoin. Estas innovaciones permiten realizar transacciones fuera de la cadena de manera más rápida y económica, al tiempo que se aprovecha la seguridad inherente de la cadena de bloques subyacente.

La cadena de bloques respalda toda la red de Bitcoin y ofrece un libro de contabilidad seguro y abierto para el registro de transacciones. La cadena de bloques mantiene la legalidad e integridad de las transacciones mediante sus métodos de verificación y consenso, reduciendo el peligro de fraude y manipulación. Es extremadamente resistente a ataques y manipulaciones debido a su arquitectura distribuida y características criptográficas. La transparencia de la cadena de bloques y la falta de intermediarios fomentan la confianza y permiten transacciones seguras. La seguridad y escalabilidad de la cadena de bloques se mejoran aún más mediante avances y mecanismos de seguridad actuales, como SegWit y soluciones de capa 2.

Las personas están mejor preparadas para aceptar las posibilidades de esta tecnología innovadora cuando comprenden la función crucial que desempeña la cadena de bloques en la protección de las transacciones de Bitcoin. La cadena de bloques allana el camino hacia un futuro donde las transacciones digitales son más seguras, descentralizadas y basadas en la confianza. La cadena de bloques permanecerá a la vanguardia a medida que se desarrolle el ecosistema de Bitcoin, asegurando la seguridad, transparencia y confiabilidad de las transacciones en el mundo en línea."

Capítulo V

Seguridad y Privacidad de Bitcoin

Mejores prácticas para asegurar tus Bitcoin

Asegurar activos digitales se ha vuelto de suma importancia a medida que Bitcoin obtiene una aceptación y valor más amplios. Aunque Bitcoin se basa en una seguridad criptográfica sólida y principios descentralizados, los usuarios aún deben tomar precauciones adicionales para proteger sus activos. En esta sección se examinan las mejores técnicas para proteger Bitcoin, que incluyen billeteras seguras, procedimientos de autenticación confiables, planes de respaldo y estar alerta ante fraudes y manipulación social. Al poner en práctica estas ideas, las personas pueden aumentar la seguridad de sus tenencias de Bitcoin y navegar con confianza en el ecosistema de criptomonedas.

Es esencial estar al tanto de los diversos riesgos y amenazas relacionados con los activos digitales para asegurar eficientemente Bitcoin. Bitcoin es un objetivo deseable para hackers y ciberdelincuentes debido a factores como su valor y naturaleza digital. Tener una estrategia de seguridad proactiva implica estar al tanto de peligros típicos, que incluyen estafas de phishing, malware, billeteras hackeadas y manipulación social.

Asegurar Bitcoin comienza eligiendo la mejor billetera. Hay diferentes niveles de seguridad y practicidad ofrecidos por varios tipos de billeteras, incluyendo billeteras de hardware, billeteras de software y billeteras de papel. Se agrega una capa adicional de protección mediante la implementación de billeteras de firma múltiple que requieren múltiples claves privadas para la autorización de transacciones. Además, mantener las claves privadas alejadas de cualquier amenaza en línea mediante la adopción de técnicas de almacenamiento en frío como billeteras de hardware o billeteras de papel, o el almacenamiento sin conexión de Bitcoin, mejora aún más la seguridad.

Proteger las tenencias de Bitcoin requiere el uso de procedimientos de autenticación sólidos. Para las cuentas de billeteras y servicios relacionados, se deben crear contraseñas seguras y distintivas. Un grado adicional de seguridad se ofrece mediante la autenticación de dos factores (2FA), que requiere una segunda forma de identificación, como un código de verificación enviado a un dispositivo móvil. Al acceder a billeteras o realizar transacciones, las técnicas de identificación biométrica, como la huella digital o el reconocimiento facial, ofrecen conveniencia y mayor seguridad.

Es fundamental realizar copias de seguridad regularmente de las billeteras de Bitcoin y las claves privadas para protegerse contra la pérdida de datos, malfuncionamientos de hardware y robos. La posibilidad de recuperar las tenencias de Bitcoin en caso de emergencia se garantiza mediante la creación de copias de seguridad encriptadas y su almacenamiento seguro en varios lugares. Al utilizar almacenamiento en la nube para las copias de seguridad, se debe tener precaución al aplicar una fuerte encriptación y seleccionar proveedores confiables con estrictas medidas de seguridad. La integridad de las copias de seguridad se verifica regularmente, y se confirma la capacidad de restaurar las tenencias de Bitcoin cuando sea necesario.

Los poseedores de Bitcoin deben estar alerta ante estrategias de fraude y manipulación social. Las personas son capaces de identificar y evitar mejor esquemas fraudulentos cuando están informadas sobre las estafas más recientes y las estrategias de phishing. Es esencial verificar la legitimidad de sitios web, enlaces y descargas de software antes de divulgar información importante o realizar transacciones comerciales. Las personas deben protegerse contra posibles compromisos teniendo precaución al manejar información privada y evitando distribuir claves privadas, frases de recuperación de billeteras o información sensible a través de medios no seguros.

Es crucial mantener actualizado el software de la billetera y los programas relacionados con los parches de seguridad más recientes. El riesgo de virus o intentos de pirateo se reduce utilizando sistemas operativos seguros y actualizados en los dispositivos utilizados para transacciones con Bitcoin. La identificación temprana de comportamientos sospechosos y posibles violaciones de seguridad se facilita mediante la monitorización rutinaria de las transacciones de la billetera y las actividades de la cuenta.

Al comunicarse con servicios relacionados con Bitcoin, el uso de canales de comunicación encriptados como redes privadas virtuales (VPN) o aplicaciones de mensajería segura agrega una capa adicional de seguridad. Para evitar escuchas o actividades maliciosas, se debe tener precaución al utilizar redes Wi-Fi públicas para acceder a billeteras de Bitcoin o realizar transacciones.

Planificar una herencia digital asegura que los miembros o beneficiarios estén al tanto de cualquier activo de Bitcoin y su información de inicio de sesión. Crear registros seguros de prácticas de seguridad y datos de recuperación ayuda a los miembros de la familia a enfrentar los desafíos de heredar tenencias de Bitcoin.

La seguridad de Bitcoin exige una estrategia exhaustiva y proactiva. Para implementar medidas de seguridad de manera efectiva, es esencial comprender los riesgos y peligros relacionados con los activos digitales. Las personas pueden proteger sus tenencias de

Bitcoin utilizando procedimientos seguros de billetera, estableciendo mecanismos de autenticación sólidos, desarrollando planes de respaldo rutinarios y estando alerta ante estafas y manipulación social. La postura de seguridad total se mejora aún más con actualizaciones de seguridad constantes, métodos de comunicación seguros y la educación de beneficiarios y familiares.

Es esencial mantenerse al tanto de los nuevos riesgos a medida que se desarrolla el ecosistema de Bitcoin y ajustar los procedimientos de seguridad en consecuencia. Las personas pueden navegar por el panorama de Bitcoin con confianza siguiendo estas mejores prácticas, ya que sabrán que sus activos digitales están bien protegidos frente a posibles amenazas y dificultades. Mantener un compromiso con la seguridad es necesario para proteger Bitcoin, asegurando la preservación a largo plazo de la riqueza digital en la era de las criptomonedas.

Protegerse contra hacks y estafas

La creciente popularidad de las criptomonedas ha abierto la puerta a nuevas oportunidades, pero también ha vuelto a las personas más vulnerables a diversas amenazas, incluida la posibilidad de ser pirateados o estafados. Los ciberdelincuentes utilizan métodos cada vez más sofisticados para aprovechar las debilidades y estafar a aquellos que no son conscientes de los peligros que enfrentan debido al crecimiento en el valor de las criptomonedas. En esta sección, discutiremos las estrategias más efectivas para asegurar las tenencias de criptomonedas contra ataques de hackers y estafadores que operan en el entorno actual. Revisaremos cómo asegurar billeteras e intercambios, cómo detectar fraudes típicos, cómo construir medidas de seguridad robustas y cómo mantenerse informado sobre el cambiante panorama de amenazas. Las personas pueden proteger sus activos digitales y recorrer de manera segura el mundo de las criptomonedas si adoptan estas técnicas y las ponen en práctica.

El entorno que rodea a las criptomonedas está cargado de peligros, y las personas deben ser conscientes de la naturaleza siempre cambiante de las amenazas que enfrentan. Los hackers están dirigiendo cada vez más sus ataques hacia individuos, intercambios y billeteras en un esfuerzo por obtener acceso ilegal y robar activos digitales, lo que ha llevado a un aumento en la cantidad de preocupaciones de ciberseguridad. Es absolutamente necesario comprender la naturaleza de estos peligros para implementar medidas de seguridad de manera efectiva.

Cuando se trata de protegerse contra hackers y fraudes, asegurar las billeteras digitales e intercambios es de suma importancia. Es absolutamente necesario seleccionar proveedores de billeteras con una sólida reputación que también implementen estrictas precauciones de seguridad. Al almacenar claves privadas fuera de línea y protegerlas de los peligros en línea, el uso de billeteras de hardware agrega un grado adicional de protección a las tenencias de criptomonedas del usuario. Para que las personas mantengan seguras sus tenencias al usar intercambios de criptomonedas, deben buscar plataformas que cuenten con mecanismos de seguridad sólidos, como la autenticación de dos factores (2FA) y almacenamiento en frío.

Las personas necesitan poder identificar esquemas fraudulentos prevalentes para protegerse de ser aprovechadas. Los ataques de phishing, en los que los estafadores pretenden ser sitios web o servicios en línea de buena reputación en un esfuerzo por engañar a los consumidores para que divulguen información crítica, son bastante comunes. Las personas que están educadas sobre las tácticas de phishing pueden protegerse mejor y evitar caer en tales estafas. La industria de las criptomonedas está llena de estafas Ponzi y ofertas iniciales de monedas (ICOs) fraudulentas, ambas muy comunes. Las personas tienen una mejor oportunidad de evitar ser aprovechadas por esquemas fraudulentos si realizan una investigación exhaustiva, verifican la legalidad de los proyectos y actúan con prudencia al invertir.

Las personas deben emplear estrictas medidas de seguridad para fortalecer la protección de sus activos digitales, de la siguiente manera:

Antes de acceder a cuentas o realizar transacciones, habilitar la Autenticación de Dos Factores (2FA) agrega una capa adicional de protección al requerir el uso de un segundo método de verificación, que puede ser un código único enviado a un dispositivo móvil.

Es más fácil prevenir el acceso no autorizado si los usuarios eligen contraseñas fuertes y únicas, y actualizan dichas contraseñas regularmente. El uso de un gestor de contraseñas puede ayudar a crear y almacenar de manera segura contraseñas complicadas y extensas.

Es esencial aplicar regularmente los parches de seguridad más recientes a todo el software, incluidos sistemas operativos, aplicaciones y programas antivirus, ya que esta es la mejor manera de protegerse contra vulnerabilidades conocidas.

Al acceder a servicios asociados con criptomonedas, el uso de Redes Privadas Virtuales, o VPN, permite una conexión que es tanto cifrada como segura. Esto protege a los usuarios de la posibilidad de escuchas y ataques de intermediarios.

Es absolutamente necesario que aquellos que deseen asegurar sus activos digitales estén al día sobre las últimas tendencias y amenazas en ciberseguridad. Las personas tienen la capacidad de tomar decisiones en su mejor interés y de mantenerse un paso adelante de posibles peligros cuando siguen fuentes confiables que proporcionan información precisa. Las personas tienen la oportunidad de obtener información sobre estafas en desarrollo y técnicas de piratería al participar en foros comunitarios y en discusiones. Las personas pueden obtener conocimiento de las experiencias de los demás al participar en foros comunitarios. Para mantener la higiene de seguridad en buen estado, es esencial mantener un estado de aprendizaje continuo y adaptarse a un panorama de amenazas que cambia constantemente.

En el mundo de las criptomonedas, es absolutamente necesario tomar precauciones contra los hacks y estafas. Las personas pueden proteger de manera efectiva sus activos digitales si tienen un conocimiento exhaustivo del panorama de riesgos, aseguran billeteras e intercambios, están al tanto de estafas frecuentes, implementan medidas de seguridad estrictas y se mantienen informadas. Es importante mantener la vigilancia y la proactividad en todo momento, modificando los métodos de seguridad de acuerdo con la naturaleza cambiante del panorama de amenazas. Las personas pueden navegar con éxito por el mundo de las criptomonedas adoptando las mejores prácticas y comprometiéndose con una educación continua. Esto garantizará la seguridad y la integridad a largo plazo de sus activos digitales.

Consideraciones de privacidad al usar Bitcoin

La creciente popularidad de Bitcoin como una moneda digital descentralizada y seudónima ha dado lugar a conversaciones sobre la protección de la privacidad de las personas en el ámbito digital. Es esencial tener una comprensión sólida de las diversas preocupaciones de privacidad que surgen al utilizar una criptomoneda como Bitcoin, a pesar de que Bitcoin tiene ciertas ventajas de privacidad sobre los sistemas financieros tradicionales. Esta sección investiga las implicaciones que tiene el uso de Bitcoin para la privacidad de los usuarios, así como la transparencia de la cadena de bloques, las posibles amenazas a la privacidad de los usuarios y los métodos efectivos para mejorar la privacidad. Las personas pueden encontrar un equilibrio entre los beneficios de Bitcoin y la protección de su privacidad personal si tienen un entendimiento completo de estos factores y establecen protecciones adecuadas.

Las transacciones de Bitcoin son seudónimas, lo que significa que no están directamente vinculadas a las identidades de las personas que realizan las transacciones. En cambio, cada transacción está vinculada a una dirección criptográfica única. A través de la separación de los datos transaccionales y la información personal que proporciona esta característica, se ofrece un nivel de privacidad.

La cadena de bloques opera como un libro de contabilidad público que registra todas las transacciones que involucran Bitcoins. La transparencia de la cadena de bloques permite que cualquier persona acceda a los detalles de las transacciones, incluidas las direcciones y cantidades de las transacciones. Esto ocurre a pesar de que las identidades de los usuarios no están directamente vinculadas entre sí. La protección completa de la privacidad se ve dificultada por la existencia de esa transparencia.

La desanonimización de direcciones es una preocupación de privacidad que puede ocurrir cuando se utilizan técnicas como el agrupamiento de direcciones y el análisis de redes. Estos enfoques tienen la capacidad de revelar la conexión que existe entre las direcciones de Bitcoin y las identidades reales. Hay riesgos adicionales para la privacidad planteados por la vigilancia de redes y el seguimiento de direcciones IP, ambos con el potencial de comprometer el anonimato de los usuarios de Bitcoin. Además, el uso de intercambios centralizados de criptomonedas, que con frecuencia requieren la realización de procedimientos KYC, puede exponer la información personal identificable al riesgo de ser comprometida o mal utilizada.

Cuando se trata de utilizar Bitcoin, hay algunas prácticas recomendadas que se pueden implementar. Al utilizar una variedad de direcciones para diferentes transacciones, se puede ayudar a oscurecer los patrones de esas transacciones y disminuir la posibilidad de vinculación de direcciones. La historia de las transacciones puede volverse más confusa al utilizar servicios de mezcla de monedas, lo que dificulta el seguimiento del flujo de fondos. La implementación de protocolos CoinJoin permite a numerosos usuarios combinar sus transacciones individuales en una sola transacción, mejorando así el nivel general de anonimato de los usuarios. Las carteras con enfoque en la privacidad, que incluyen características como carteras HD, integración con Tor y Control de Monedas, ofrecen mayores características de privacidad y protección contra la reutilización de direcciones.

Más protecciones de privacidad están disponibles para las transacciones de Bitcoin debido a los avances recientes en tecnología. Las Transacciones Confidenciales utilizan cifrado para ocultar los montos de las transacciones a cualquiera que pueda estar mirando por encima del hombro. Los usuarios pueden validar transacciones utilizando pruebas de conocimiento cero sin revelar información sensible a la red. Tanto CoinSwap como la Lightning Network están diseñados para mejorar la privacidad y la escalabilidad al reducir el requisito de transacciones en cadena mientras admiten simultáneamente transacciones fuera de cadena.

Si bien las personas deben priorizar la protección de su privacidad, también deben estar al tanto de las obligaciones legales y regulatorias que conlleva el uso de criptomonedas. Es cada vez más importante cumplir con la legislación mientras se protege la privacidad. También es igualmente importante encontrar un equilibrio entre proteger la privacidad y garantizar la seguridad financiera, dado que mayores protecciones de privacidad pueden reducir la capacidad de recuperar fondos perdidos o prevenir actividades fraudulentas.

En lo que respecta a la protección de la privacidad de la información personal, el uso de Bitcoin requiere una atención cuidadosa a las preocupaciones de privacidad. Los usuarios de Bitcoin deben ser conscientes de los posibles peligros e implementar mejores prácticas para salvaguardar su privacidad, a pesar de que la naturaleza seudónima de Bitcoin brinda ciertos beneficios a la privacidad de los usuarios. La información personal puede protegerse y los peligros asociados con la vinculación de direcciones y la desanonimización pueden reducirse mediante la adopción de hábitos que mejoren la privacidad, el uso de diversas direcciones de correo electrónico, y la utilización de carteras digitales y tecnologías diseñadas teniendo en cuenta la privacidad. Es fundamental encontrar un equilibrio adecuado entre proteger la privacidad de las personas y cumplir con las regulaciones aplicables, teniendo en cuenta también los posibles efectos sobre la estabilidad financiera. Las personas pueden maximizar su privacidad mientras utilizan los beneficios de la red Bitcoin en el ámbito digital si comprenden estas consideraciones de privacidad y toman precauciones adecuadas. Esto es posible debido a la naturaleza descentralizada de la red Bitcoin.

Anonimato versus transparencia en la red Bitcoin

Encontrar el equilibrio ideal entre el anonimato y la transparencia dentro de la red ha surgido como una dificultad única como resultado del crecimiento de Bitcoin y otras criptomonedas. La apertura de la cadena de bloques plantea preocupaciones sobre el grado de privacidad y la necesidad de transparencia en un sistema financiero descentralizado, incluso cuando Bitcoin otorga seudonimato y privacidad a sus usuarios. La dinámica del anonimato y la transparencia en la red Bitcoin se examina en esta sección, junto con sus ventajas y desventajas, así como las discusiones en curso sobre privacidad, responsabilidad y cumplimiento normativo. Las personas pueden comprender las implicaciones y tomar acciones informadas con respecto a su participación en la red Bitcoin al comprender estos principios.

La base de las transacciones de Bitcoin es el seudonimato, es decir, la idea de que no están directamente conectadas a personas en el mundo real. En cambio, las transacciones están vinculadas a direcciones criptográficas distintas, lo que ofrece cierto nivel de privacidad. Pero debido a que la cadena de bloques es un libro de contabilidad público que registra todas las transacciones de Bitcoin, cualquier persona puede ver toda la información de la transacción, incluidas las direcciones y cantidades de las transacciones. Esta apertura garantiza la responsabilidad y previene el fraude.

En la red Bitcoin, el anonimato tiene tanto ventajas como desventajas. Por un lado, se protege la privacidad financiera, manteniendo los detalles financieros de las personas alejados de miradas curiosas. Esta confidencialidad disminuye la posibilidad de robo de identidad o ataques dirigidos. Además, el anonimato promueve la libertad de expresión, permitiendo a las personas realizar transacciones financieras sin preocuparse por represalias o censura. Además de proteger la libertad individual y la autonomía, el anonimato puede actuar como un freno a la vigilancia excesiva.

Por otro lado, el anonimato puede contribuir a operaciones ilícitas como el lavado de dinero y transacciones comerciales ilícitas. Esto presenta dificultades para las organizaciones regulatorias y de aplicación de la ley que buscan mantener la integridad financiera y detener actividades ilícitas.

La transparencia de la cadena de bloques viene con su propio conjunto de ventajas y dificultades:

Dentro de la red Bitcoin, la transparencia garantiza responsabilidad y confianza. Cualquiera puede verificar y auditar cada transacción registrada en la cadena de bloques, creando un sistema de controles y equilibrios. Debido al registro cronológico de las transacciones, esta transparencia también evita el doble gasto y respalda la seguridad de la red Bitcoin. Además, debido a que pueden ser rastreadas e identificadas, las conductas fraudulentas son desalentadas por las transacciones públicamente registradas.

Sin embargo, la transparencia de la cadena de bloques suscita preocupaciones sobre la divulgación de datos financieros privados. La accesibilidad pública de los detalles de las transacciones puede violar la privacidad de las personas, dejándolas expuestas a ataques dirigidos o acceso no autorizado.

Han surgido varias tecnologías para mejorar la privacidad y resolver las dificultades que plantea la transparencia:

Los servicios de mezcla de monedas y tumbling ayudan a ocultar historiales de transacciones, dificultando el seguimiento de dónde provino el dinero. Las Transacciones Confidenciales utilizan métodos criptográficos para cifrar los montos de las transacciones, agregando una capa adicional de privacidad mientras se mantiene la integridad de la red. Con el fin de equilibrar la privacidad y la apertura, las pruebas de conocimiento cero permiten la validación de transacciones sin revelar información sensible.

El cambiante entorno normativo en torno a las criptomonedas subraya la necesidad de equilibrar las preocupaciones de privacidad con el requisito de transparencia y cumplimiento normativo. Los gobiernos y las autoridades reguladoras trabajan para prevenir actividades ilegales mientras defienden el derecho a la privacidad de las personas. Las reglas contra el lavado de dinero (AML) reconcilian el anonimato y la prevención de delitos financieros. Comprender estas perspectivas permite a las personas navegar por los sistemas legales y cumplir con la legislación. Diferentes países tienen opiniones divergentes sobre la privacidad y la transparencia en la red Bitcoin.

La educación es esencial para sortear las dificultades del anonimato y la transparencia. Los usuarios de Bitcoin que comprenden las implicaciones del anonimato y la transparencia están mejor preparados para tomar decisiones sabias y dar los pasos adecuados para proteger su privacidad. Además, los usuarios tienen la responsabilidad de actuar con precaución, cumplir con la ley y la moral, y encontrar un equilibrio entre la privacidad y la transparencia al interactuar con la red Bitcoin.

El delicado acto de equilibrio entre transparencia y anonimato se demuestra en la red Bitcoin. La privacidad financiera, la libertad de expresión y las restricciones de vigilancia son posibles gracias al anonimato. La transparencia garantiza la responsabilidad, la confianza y evita comportamientos fraudulentos. Las tecnologías que garantizan la privacidad brindan capacidades para mejorar la confidencialidad sin afectar la integridad de la red. Un debate constante, leyes actualizadas y la responsabilidad del usuario son necesarios para lograr el equilibrio ideal entre privacidad y responsabilidad. Las personas pueden navegar por la red Bitcoin teniendo en cuenta sus demandas de privacidad, el cumplimiento normativo y las mayores implicaciones sociales del entorno financiero descentralizado al comprender la dinámica del anonimato y la transparencia.

Capítulo VI

Comercio e Inversión en Bitcoin

Comprendiendo la volatilidad del precio de Bitcoin

La primera criptomoneda, Bitcoin, ha captado la atención de la comunidad financiera con su asombrosa volatilidad de precios. Inversores y analistas han quedado tanto atraídos como desconcertados por la naturaleza impredecible de los cambios de precio de Bitcoin. Esta sección examinará la idea de la volatilidad del precio de Bitcoin, analizando sus causas, efectos en la adopción y las implicaciones para inversores y el ecosistema de criptomonedas en su conjunto. Las personas pueden tomar decisiones informadas y navegar por el impredecible mercado de criptomonedas comprendiendo la dinámica de la volatilidad del precio de Bitcoin.

El término "volatilidad del precio de Bitcoin" describe los cambios rápidos y significativos en el valor de la moneda en periodos muy cortos de tiempo. Medidas estadísticas como la desviación estándar y los índices de volatilidad se utilizan con frecuencia para cuantificar esta volatilidad. A lo largo de su existencia, ha habido fluctuaciones sustanciales en el precio de Bitcoin, con períodos de rápido crecimiento y rápida depreciación.

Bitcoin es vulnerable a las dinámicas del mercado y al trading especulativo debido a su gran volumen de transacciones y su capitalización de mercado relativamente pequeña. Cambios de precio a corto plazo pueden ser influenciados significativamente por la manipulación del mercado, el sentimiento de los inversores y eventos noticiosos.

La inestabilidad en el precio de Bitcoin es el resultado de su cantidad finita y su naturaleza descentralizada. El delicado equilibrio entre la oferta y la demanda puede ser afectado por cambios en la demanda, tasas de adopción, desarrollos regulatorios y variables macroeconómicas, lo que puede dar lugar a fluctuaciones de precios.

A diferencia de activos convencionales como acciones u bonos, Bitcoin carece de criterios de valoración fundamentales generalmente aceptados. Es difícil estimar con precisión su valor intrínseco en su ausencia, lo que aumenta la volatilidad de precios. La incertidumbre sobre el valor real de Bitcoin lleva a una mayor especulación y mayores fluctuaciones de precios.

Para los inversores, la volatilidad de precios de Bitcoin ofrece tanto oportunidades como amenazas. Debido al potencial de grandes beneficios que ofrece la volatilidad, atrae a especuladores e inversores a los que les gusta asumir riesgos. Sin embargo, si no se maneja con cuidado, también expone a los inversores a pérdidas importantes.

Para navegar por la volatilidad y reducir posibles riesgos, es esencial implementar medidas de gestión de riesgos y adoptar un enfoque de inversión a largo plazo. La adopción de Bitcoin como medio de intercambio o almacén de valor puede verse obstaculizada por su volatilidad de precios. Debido al impacto potencial en la fijación de precios y la estabilidad financiera, las empresas y personas pueden mostrar reticencia a adoptar una moneda con una volatilidad tan alta. La estabilidad y previsibilidad son necesarias para una adopción generalizada y aceptación general, pero son difíciles de lograr frente a una fluctuación de precios excesiva.

Debido a la volatilidad inherente de su precio, se facilitan la manipulación del mercado y otras prácticas fraudulentas. Los movimientos de precios pueden utilizarse en beneficio personal a través de técnicas de manipulación, como estafas de bombeo y descarga y noticias falsas. Los reguladores están preocupados por esto, lo que destaca la necesidad de marcos regulatorios sólidos para proteger a los inversores y preservar la integridad del mercado.

El estado incipiente del mercado de criptomonedas se refleja en parte en la volatilidad del precio de Bitcoin. Una infraestructura mejorada, regulaciones más transparentes y una mayor liquidez pueden resultar en menos volatilidad a medida que el mercado envejece. Una mayor estabilidad del mercado puede derivarse de la participación de inversores institucionales, la creación de derivados de Bitcoin y la formación de intercambios confiables.

Mediante instrumentos financieros como contratos de futuros y opciones, los inversores pueden disminuir su exposición a los peligros derivados de las fluctuaciones de precios de Bitcoin. Los participantes del mercado pueden cubrir sus posiciones y protegerse contra cambios desfavorables en los precios mediante el uso de estos instrumentos.

Las stablecoins, o monedas digitales respaldadas por activos confiables como dinero fiduciario, buscan estabilizar el mercado de criptomonedas y reducir la volatilidad. Las stablecoins ofrecen una manera de realizar transacciones sin estar expuestas a las oscilaciones de precios de criptomonedas como Bitcoin, al proporcionar un valor constante.

El impacto de la volatilidad del precio de Bitcoin en la cartera de un inversor puede reducirse diversificando activos en varias clases de activos e implementando técnicas de gestión de riesgos. Las personas pueden disminuir los posibles efectos negativos de la volatilidad de Bitcoin en su riqueza general al distribuir el riesgo y repartir los activos entre diferentes vehículos de inversión.

Un aumento en la liquidez, la certeza regulatoria y la adopción institucional pueden contribuir a reducir la volatilidad de precios a medida que el mercado de Bitcoin se desarrolla y madura. Los inversores institucionales pueden sentirse atraídos y la aceptación popular puede fomentarse mediante marcos regulatorios que protejan a los inversores y mejoren la estabilidad del mercado.

La participación de inversores institucionales y la creación de intercambios de criptomonedas sólidos pueden proporcionar liquidez, lo que puede ayudar a mantener estable el precio de Bitcoin. Una mayor liquidez mejora la eficiencia de fijación de precios y reduce el impacto de las operaciones individuales en el mercado en su conjunto.

El desarrollo de modelos de valoración confiables y medidas fundamentales específicas para las criptomonedas puede contribuir a una comprensión más completa del valor intrínseco de Bitcoin. Los participantes del mercado pueden tomar decisiones de inversión más informadas y, potencialmente, reducir la volatilidad de precios al establecer procedimientos explícitos para determinar el valor de Bitcoin y otras criptomonedas.

El precio volátil de Bitcoin sigue siendo su característica distintiva. Aunque ofrece oportunidades de recompensas sustanciales, también hay riesgos y desafíos para los marcos regulatorios y de adopción. Para inversores, participantes del mercado y reguladores, es crucial comprender las causas de la volatilidad de precios y sus efectos. El desarrollo de modelos de valoración, la madurez del mercado y estrategias de mitigación pueden contribuir a crear un entorno de Bitcoin más seguro y sólido. Las personas pueden navegar por la volatilidad de precios de Bitcoin y contribuir a la expansión y sostenibilidad de la industria de las criptomonedas al aceptar la volatilidad inherente, utilizar la gestión de riesgos y mantener una visión a largo plazo.

Enfoques diferentes para negociar Bitcoin

La primera criptomoneda descentralizada del mundo, Bitcoin, ha cambiado completamente la industria financiera y ha brindado a los inversores acceso a opciones de negociación nuevas y emocionantes. Sin embargo, debido a la extrema volatilidad de Bitcoin, el comercio debe realizarse con precaución. En esta sección se hablará sobre diversas estrategias de negociación para Bitcoin, como el day trading, swing trading e inversión a largo plazo. Para equipar a las personas con el conocimiento necesario para tomar decisiones acertadas y recorrer con éxito las complejidades del comercio de Bitcoin, exploraremos las estrategias, métodos y factores relacionados con cada estrategia.

El day trading es un tipo de inversión que implica comprar y vender un activo dentro del mismo día de negociación para obtener ganancias de pequeños cambios de precios que ocurren con frecuencia pero solo por un corto período de tiempo. Los traders utilizan análisis técnico, estrategias de scalping y órdenes de stop loss para tomar decisiones rápidas y asegurar ganancias. Para limitar posibles pérdidas, el day trading requiere un monitoreo activo y una gestión de riesgos metódica.

El swing trading busca obtener beneficios de tendencias a corto y medio plazo, centrándose en las fluctuaciones de precios a mediano plazo. Los traders utilizan análisis técnico, estrategias de seguimiento de tendencias y niveles de soporte y resistencia para determinar posiciones de entrada y salida. Para optimizar las ganancias potenciales, el swing trading requiere paciencia, una gestión estricta de posiciones y la adherencia a una estrategia de negociación.

Mantener Bitcoin durante períodos más extensos se considera inversión a largo plazo debido a la convicción de que su valor aumentará con el tiempo. Las decisiones de inversión a largo plazo se guían mediante análisis fundamental, que incluye tasas de adopción, desarrollos regulatorios y consideraciones macroeconómicas. La estrategia de "HODLing" y el promedio de costos en dólares reducen la volatilidad del precio a corto plazo, al tiempo que maximizan la utilidad a largo plazo de Bitcoin.

Según el estado del mercado, muchos traders utilizan estrategias híbridas, integrando componentes de varios sistemas. Al seleccionar una estrategia, la evaluación del riesgo y la valoración de la recompensa son factores cruciales a tener en cuenta, ya que enfoques de mayor riesgo pueden generar mayores ganancias, pero también exponen a los traders a pérdidas significativas. El éxito en el competitivo negocio de Bitcoin requiere aprendizaje constante, mantenerse actualizado sobre los desarrollos de la industria y ser adaptable.

Hay varias formas de negociar Bitcoin, y cada una tiene sus propias preocupaciones, estrategias y técnicas. El swing trading captura tendencias intermedias, mientras que el day trading permite obtener beneficios de cambios de precios a corto plazo. La inversión a largo plazo se centra en el potencial crecimiento de valor futuro de Bitcoin. Al elegir su estrategia preferida, los traders deben tener en cuenta aspectos como el compromiso de tiempo, la gestión de riesgos, el análisis de mercado y el control emocional. La clave para superar la complejidad del comercio de Bitcoin es combinar estrategias y aprender y adaptarse continuamente. Las personas pueden tomar decisiones informadas y participar con confianza en el dinámico mundo del comercio de Bitcoin al comprender las diversas formas y las técnicas y preocupaciones asociadas.

Estrategias de inversión a largo plazo

Ha surgido una moneda digital con un sustancial potencial de inversión a largo plazo: Bitcoin. Aunque el trading a corto plazo puede ser rentable, seguir una estrategia de inversión a largo plazo permite a las personas beneficiarse del crecimiento futuro de Bitcoin y asegurar una participación en el mercado en desarrollo de las criptomonedas. Esta sección examinará diversas técnicas de inversión a largo plazo en Bitcoin, destacando sus ventajas, factores a considerar y posibles preocupaciones. Los inversores pueden negociar en el entorno volátil del mercado de Bitcoin y posicionarse para el éxito a largo plazo al conocer estas estrategias.

Mantener un activo de inversión durante mucho tiempo, poniendo menos énfasis en las fluctuaciones de precios a corto plazo y más en el potencial de crecimiento general del activo. Involucra tener en cuenta elementos que afectan la viabilidad a largo plazo de Bitcoin, como las tendencias del mercado, el análisis fundamental, los avances tecnológicos, las tasas de adopción y los cambios legislativos.

Las personas deben realizar análisis fundamental e investigación sobre Bitcoin para tomar decisiones de inversión informadas. Este análisis implica evaluar los principios subyacentes de Bitcoin, incluida su tecnología, comunidad, tasas de adopción y posibles casos de uso. Los inversores pueden evaluar la viabilidad a largo plazo y el potencial de crecimiento de Bitcoin como activo de inversión al ser conscientes de estos variables. Obtener conocimiento sobre las posibilidades futuras de Bitcoin también requiere investigación sobre patrones de mercado, actitud de los inversores, cambios regulatorios y problemas macroeconómicos.

Un método de inversión a largo plazo popular que reduce el impacto de los cambios de precio a corto plazo es el promedio de costo en dólares (DCA). Implica invertir consistentemente una suma específica de dinero en Bitcoin en intervalos predeterminados, independientemente del precio en el mercado abierto. Los inversores pueden acumular Bitcoin con el tiempo y beneficiarse del potencial desarrollo del activo al seguir un programa de inversión regular. Sin embargo, al emplear DCA como estrategia de inversión a largo plazo, los inversores deben tener en cuenta los costos de transacción, el tiempo y la dirección general del precio de Bitcoin.

Independientemente de las fluctuaciones de precios a corto plazo, el enfoque de comprar y mantener implica adquirir Bitcoin con el propósito de conservarlo durante un largo período. Esta estrategia se basa en la convicción de que Bitcoin tiene el potencial de un crecimiento a largo plazo y puede superar a los activos de inversión convencionales. Los inversores pueden reducir costos de transacción, tomar decisiones de inversión más sencillas y beneficiarse del potencial crecimiento a largo plazo de Bitcoin mediante el uso de la estrategia de comprar y mantener. Sin embargo, los inversores deben considerar cuidadosamente las perspectivas a largo plazo de Bitcoin, gestionar cualquier riesgo y mantenerse atentos a los eventos del mercado.

Cualquier estrategia de inversión a largo plazo, incluida Bitcoin, debe incluir la diversificación. Los inversores pueden reducir el riesgo asociado con una sola inversión al distribuir sus inversiones en diversas clases de activos. La diversificación en Bitcoin reduce el riesgo total al tiempo que proporciona acceso a su crecimiento futuro. Los procedimientos de gestión de riesgos deben incluir revisiones periódicas de la cartera, evaluaciones de riesgos y reequilibrio de activos. Los inversores pueden controlar con éxito los riesgos negativos y proteger su dinero manteniendo la asignación de activos correcta.

La paciencia y la fortaleza emocional son necesarias para la inversión a largo plazo. El carácter volátil de Bitcoin y los cambios en el mercado pueden poner a prueba la determinación de los inversores. Aquellas personas que deseen tener éxito deben mantener una perspectiva a largo plazo, centrarse en los fundamentos y abstenerse de actuar emocionalmente en respuesta a las fluctuaciones del mercado a corto plazo. Los inversores pueden resistir las caídas del mercado y evitar movimientos impulsivos que podrían obstaculizar el rendimiento financiero a largo plazo al mantenerse pacientes y resilientes.

Los asesores financieros que se centran en la inversión en criptomonedas pueden ser de ayuda para los inversores. Estos consultores pueden ofrecer consejos perspicaces y apoyo para coordinar planes de inversión a largo plazo con objetivos monetarios, tolerancia al riesgo y carteras de inversión totales. Al elegir plataformas de inversión, servicios de custodia y productos relacionados con Bitcoin, también es esencial realizar una extensa investigación debida. Los riesgos vinculados a la inversión en Bitcoin pueden reducirse mediante la investigación de intercambios confiables, comprendiendo medidas de seguridad y teniendo en cuenta el cumplimiento normativo.

Los planes de inversión a largo plazo en Bitcoin brindan a las personas la oportunidad de beneficiarse del crecimiento potencial y asegurar una participación en el sector en desarrollo de las criptomonedas. Los inversores pueden prepararse para el éxito a largo plazo participando en estudios básicos, adoptando métodos como el promedio de costo en dólares y comprar y mantener, diversificando sus carteras, minimizando riesgos, manteniendo la paciencia y obteniendo asesoramiento profesional. Aunque invertir en Bitcoin conlleva ciertos riesgos, con reflexión cuidadosa, investigación y un enfoque disciplinado, se puede navegar con éxito por el siempre cambiante panorama de inversión en criptomonedas y comprender el potencial a largo plazo de Bitcoin como una clase de activo valiosa. Las personas pueden participar en la revolución digital en curso y posiblemente beneficiarse del crecimiento continuo y la adopción de Bitcoin al adoptar una actitud de inversión a largo plazo.

Gestionar riesgos y evitar trampas comunes

El mundo de las finanzas digitales está lleno de un interesante potencial de inversión en Bitcoin. Es crucial entender, sin embargo, que esa promesa enorme también conlleva riesgos inherentes. Esta sección examinará varias técnicas de gestión de riesgos y problemas comunes en la inversión en Bitcoin. Los inversores pueden proteger sus inversiones en Bitcoin y navegar por la naturaleza dinámica y ocasionalmente volátil del mercado de criptomonedas al implementar buenas medidas de gestión de riesgos y permanecer vigilantes.

Las inversiones en bitcoin tienen ciertos riesgos que deben considerarse cuidadosamente. La volatilidad del mercado y los cambios de precio son lo que hace única a Bitcoin. Los inversores deben estar dispuestos a asumir el riesgo inherente provocado por estas fluctuaciones de precios. Además, los inversores son vulnerables a la manipulación del mercado y a actividades fraudulentas debido a la estructura no regulada del mercado de criptomonedas, por lo tanto, se requiere precaución y monitoreo.

Tomar decisiones informadas es esencial para gestionar los riesgos con éxito. Los inversores deben llevar a cabo una extensa investigación de antecedentes sobre Bitcoin, comprendiendo su tecnología, comunidad, tasas de adopción y posibles amenazas. Es importante mantenerse al tanto de las innovaciones más recientes, cambios legislativos y tendencias de la industria. Para encontrar proyectos confiables y evitar fraudes, es esencial realizar una debida diligencia en posibles oportunidades de inversión, como ofertas iniciales de monedas (ICOs) o altcoins.

Es crucial establecer metas de inversión basadas en objetivos financieros individuales y horizontes temporales. La estrategia de inversión adecuada se determina al combinar los objetivos de inversión con la tolerancia al riesgo, ya sea que el objetivo sea el crecimiento a largo plazo, la preservación de capital o la expansión de la riqueza. Los inversores pueden elegir estrategias que se correspondan con sus niveles de comodidad evaluando su tolerancia al riesgo y teniendo en cuenta aspectos como la estabilidad financiera, la experiencia en inversiones y la resistencia emocional.

Para cualquier cartera de inversiones, incluyendo Bitcoin, la diversificación es una estrategia crucial de gestión de riesgos. Los riesgos asociados con cualquier inversión pueden reducirse al diversificar los activos en otras clases de activos, incluyendo Bitcoin e inversiones convencionales. La diversificación aumenta la posibilidad de rendimientos estables al tiempo que reduce la exposición a la volatilidad de un solo activo. Es importante tener en cuenta las condiciones del mercado, la tolerancia al riesgo y los objetivos de inversión al elegir la asignación de activos adecuada.

Los inversores deben utilizar técnicas de gestión de riesgos específicas para sus perfiles de inversión con el fin de controlar adecuadamente los riesgos. Los inversores pueden minimizar sus posibles pérdidas durante las caídas del mercado utilizando órdenes de stop-loss para definir niveles de precio específicos en los cuales venderían sus tenencias de Bitcoin. Mantener la asignación de activos objetivo y adaptarse a las condiciones cambiantes del mercado se facilita mediante la evaluación periódica y el reequilibrio de las carteras de inversión.

Es esencial proteger las tenencias de Bitcoin contra el robo y los hackers. Precauciones de seguridad importantes incluyen la implementación de billeteras seguras, el uso de autenticación de múltiples factores y la realización de copias de seguridad de los datos de la billetera. La protección se incrementa siguiendo procedimientos recomendados para la seguridad en línea, como la creación de contraseñas sólidas, habilitar la autenticación de dos factores y estar atento a intentos de phishing. Las actualizaciones de software de forma regular y el conocimiento de los problemas actuales de ciberseguridad añaden otra capa de protección.

La gestión efectiva de riesgos requiere una monitorización constante de las tendencias del mercado, los desarrollos legislativos y las noticias de la industria. Para tomar decisiones sabias, los inversionistas deben leer fuentes de noticias confiables, interactuar con la comunidad de Bitcoin y estar atentos a las indicaciones del mercado. Evitar decisiones impulsivas motivadas por fluctuaciones de precios a corto plazo requiere disciplina emocional y paciencia.

Se recomienda consultar a asesores financieros especializados en la inversión en criptomonedas para obtener consejos perspicaces. Los consultores expertos ofrecen perspectivas de la industria, ayudan con la evaluación del perfil de riesgo y crean planes individualizados de gestión de riesgos. Las conversaciones con inversores experimentados, la participación en foros y la interacción con la comunidad de Bitcoin fomentan el aprendizaje mutuo y el apoyo.

El éxito de las inversiones en Bitcoin depende de la gestión de riesgos y de evitar errores comunes. Los inversores pueden proteger sus inversiones en Bitcoin y navegar el mercado dinámico de criptomonedas con mayor confianza al realizar una investigación exhaustiva, establecer objetivos de inversión claros, diversificar carteras, implementar estrategias de gestión de riesgos, dar prioridad a medidas de seguridad, mantenerse informados y buscar asesoramiento profesional. Las personas pueden maximizar los beneficios de Bitcoin mientras limitan posibles inconvenientes mediante métodos sabios y diligentes. Los inversores pueden posicionarse para el éxito a largo plazo en el fascinante mundo de las inversiones en Bitcoin al adoptar un enfoque proactivo hacia la gestión de riesgos.

Capítulo VII

Regulación de Bitcoin y Consideraciones Legales

Visión general de las regulaciones de Bitcoin en todo el mundo

La primera criptomoneda, Bitcoin, ha revolucionado las finanzas tradicionales y ahora se utiliza ampliamente en todo el mundo. Debido a que Bitcoin es una moneda digital que opera a nivel internacional, gobiernos y organismos reguladores de todo el mundo han creado marcos para controlar su uso. Esta sección proporcionará una visión general global de las leyes de Bitcoin y explorará las diversas posturas que han adoptado varias naciones y áreas. Examinaremos la lógica detrás de las acciones regulatorias, los elementos esenciales de los marcos regulatorios, así como los desafíos y oportunidades que presentan. Individuos y empresas pueden negociar la complejidad de las transacciones de Bitcoin con confianza y cumplimiento al estar al tanto del cambiante panorama regulatorio.

Al abordar amenazas como el fraude, el pirateo y los esquemas Ponzi vinculados a Bitcoin y otras criptomonedas, los reguladores buscan proteger a los consumidores. Las regulaciones ayudan a salvaguardar a los consumidores de posibles pérdidas y fortalecen la confianza en el intercambio de activos digitales.

Dado que Bitcoin es pseudónimo, surgen preguntas sobre cómo podría utilizarse con fines ilegales. Al hacer cumplir restricciones contra el lavado de dinero (AML) y el financiamiento del terrorismo (CTF) en intercambios de Bitcoin y proveedores de servicios, los reguladores buscan prevenir el lavado de dinero, el financiamiento del terrorismo y otras actividades ilícitas.

Los reguladores están vigilando los riesgos que plantea Bitcoin para garantizar la estabilidad financiera, dada la influencia potencial de la criptomoneda en las instituciones bancarias convencionales. Podrían decidir implementar regulaciones para combatir los riesgos sistémicos, la manipulación del mercado y la especulación excesiva.

Algunas naciones han optado por prohibir o limitar severamente el uso de Bitcoin y otras criptomonedas. La prohibición puede ser una respuesta a preocupaciones sobre la fuga de capitales, la falta de regulación en el sistema financiero o una percepción de riesgos para la seguridad nacional. Sin embargo, una prohibición total puede fomentar economías informales y obstaculizar la innovación.

Numerosas jurisdicciones han optado por tratar a Bitcoin como un activo digital o una mercancía y otorgarle reconocimiento legal. Esta estrategia acepta la realidad de las criptomonedas mientras las somete a ciertas leyes, como la tributación, la protección al consumidor y los procedimientos contra el lavado de dinero.

Reguladores en numerosas naciones exigen que los intercambios de Bitcoin y los proveedores de servicios se registren ante las autoridades correspondientes o obtengan licencias. Estos pasos tienen como objetivo garantizar el cumplimiento de los requisitos legales, fomentar la transparencia y reducir los riesgos asociados con el ecosistema de las criptomonedas.

Algunas naciones han creado "arenas de prueba" regulatorias que permiten a emprendedores y empresas del sector de las criptomonedas operar con regulaciones más flexibles. Estas arenas ofrecen un entorno controlado para la innovación y experimentación, al tiempo que garantizan la protección del consumidor y reducen los riesgos.

Requisitos de Conoce a Tu Cliente (KYC) y de prevención del lavado de dinero (AML) son frecuentemente impuestos a los intercambios de Bitcoin y a los proveedores de servicios por las regulaciones. Verificar las identidades de los clientes y establecer políticas para prevenir el lavado de dinero y el financiamiento del terrorismo son dos de estos requisitos.

En los marcos regulatorios, pueden establecerse requisitos específicos de licencia o registro para las empresas relacionadas con Bitcoin. Estos procesos implican cumplir con requisitos específicos, demostrar el cumplimiento de los requisitos legales y mantener la transparencia operativa.

La tributación de Bitcoin y otras criptomonedas es actualmente tema de discusión entre gobiernos de todo el mundo. Las criptomonedas pueden ser tratadas como activos sujetos a impuestos sobre ganancias de capital, IVA transaccional u otras responsabilidades fiscales según la legislación fiscal.

Los reguladores pueden imponer requisitos de informes y divulgación a los intercambios de Bitcoin y a los proveedores de servicios. Estos compromisos incluyen la divulgación de información sobre transacciones, la presentación de informes financieros coherentes y la participación en auditorías regulatorias.

Existen diversas aproximaciones e interpretaciones entre las naciones, creando un entorno regulatorio mundial fragmentado para Bitcoin. Esta fragmentación presenta dificultades para las corporaciones multinacionales y puede obstaculizar la integración suave de Bitcoin en el sistema financiero mundial.

El desafío para los reguladores es mantenerse al día con la tecnología que avanza rápidamente en la industria de las criptomonedas. Se requiere una comprensión profunda de la tecnología y sus posibles implicaciones para lograr un equilibrio entre fomentar la innovación y proteger a los clientes.

Debido a la naturaleza global de Bitcoin, los problemas regulatorios deben resolverse con éxito mediante la colaboración regulatoria internacional. Compartir mejores prácticas, armonizar leyes y crear marcos uniformes pueden facilitarse a través de la colaboración.

A medida que gobiernos y organismos reguladores luchan con los beneficios y problemas planteados por las criptomonedas, las regulaciones de Bitcoin en todo el mundo continúan cambiando. Aunque hay muchas razones para la regulación, desde la estabilidad financiera hasta la protección del consumidor, los métodos utilizados por diversos países varían considerablemente. Para individuos y organizaciones que realizan transacciones con Bitcoin, es crucial comprender los elementos fundamentales de los marcos regulatorios, incluyendo regulaciones de Conoce a Tu Cliente (KYC) y prevención del lavado de dinero (AML), procedimientos de licenciamiento, tributación y requisitos de informes. Es fundamental mantenerse al tanto de los cambios regulatorios en jurisdicciones específicas y, cuando sea necesario, buscar orientación legal y de cumplimiento. Individuos y organizaciones pueden aprovechar las promesas de Bitcoin al asegurar el cumplimiento de las leyes regionales y estándares internacionales, navegando el paisaje regulatorio en constante cambio con conciencia, adaptación y cumplimiento.

Implicaciones fiscales de las transacciones de Bitcoin

La primera criptomoneda, Bitcoin, ha revolucionado el mundo financiero al proporcionar a los usuarios una moneda digital descentralizada e internacional. No obstante, es necesario comprender las implicaciones fiscales del uso de Bitcoin a medida que se vuelve cada vez más popular. En esta sección se analizarán las implicaciones fiscales y consideraciones de las transacciones con Bitcoin. Se abordarán en detalle temas clave como el impuesto sobre la renta, el impuesto sobre ganancias de capital, los requisitos de informes y la tributación extranjera. Individuos y organizaciones pueden gestionar la complejidad de los impuestos y garantizar el cumplimiento de las regulaciones fiscales pertinentes al adquirir un conocimiento exhaustivo del entorno fiscal que rodea a Bitcoin.

Bitcoin y otras criptomonedas suelen considerarse como propiedad en lugar de moneda por las autoridades fiscales en todo el mundo. Esta clasificación tiene importantes implicaciones fiscales porque requiere que las personas informen las ganancias o pérdidas de las transacciones con Bitcoin.

Comprar o vender Bitcoin por dinero fiduciario, comerciar Bitcoin por bienes o servicios, recibir Bitcoin como pago, minar Bitcoin y otras transacciones con Bitcoin tienen el potencial de dar lugar a eventos imponibles. Dependiendo de las regulaciones fiscales de la jurisdicción relevante, cada evento podría tener un impacto diferente en los impuestos.

El impuesto sobre la renta se aplica a las ganancias de la minería de Bitcoin. Los mineros deben informar el valor de cada Bitcoin minado como ingreso imponible en el momento de su recepción. Además, muchos costos relacionados con la minería, como los de electricidad y equipo, pueden ser deducibles de impuestos.

Bitcoin se considera ingreso imponible cuando se utiliza como pago por bienes o servicios. A efectos fiscales, el receptor debe incluir el valor de mercado justo del Bitcoin que recibió en el momento de la transacción en sus ingresos.

Los impuestos sobre las ganancias de capital se aplican a las ganancias o pérdidas derivadas de la compra y venta de Bitcoin. El tiempo de tenencia y el propósito de la transacción influyen en el tratamiento fiscal. Por lo general, las ganancias de capital a corto plazo de Bitcoin, retenido por menos de un año, se gravan a tasas más altas que las ganancias de capital a largo plazo, que disfrutan de tasas impositivas más bajas.

Calcular las ganancias o pérdidas de capital requiere conocer la base de costos de Bitcoin. Es crucial mantener registros precisos, que incluyan pruebas de las fechas, costos y tarifas asociadas con las compras. La base de costos puede establecerse de varias maneras, incluyendo FIFO (Primero en entrar, primero en salir) o identificación particular.

Las autoridades fiscales exigen que las personas registren las transacciones de Bitcoin que superen una cantidad determinada. Se debe informar sobre el valor de Bitcoin al final del año fiscal, así como sobre la venta de Bitcoin y el Bitcoin recibido como pago.

Las bolsas de Bitcoin y los procesadores de pagos en los Estados Unidos deben proporcionar el Formulario 1099-K a los clientes que cumplan con ciertos criterios de transacción. El monto bruto de las transacciones de Bitcoin se informa en el Formulario 1099-K, proporcionando datos que deben incluirse en la declaración de impuestos del contribuyente.

El hecho de que Bitcoin no tenga límites geográficos dificulta que los funcionarios fiscales determinen las regulaciones fiscales pertinentes. Al realizar transacciones transfronterizas con Bitcoin, las personas deben tener en cuenta las implicaciones fiscales tanto en su jurisdicción de origen como en la jurisdicción de la contraparte.

Los tratados fiscales entre naciones pueden afectar la forma en que se gravan las transacciones de Bitcoin al definir cómo se debe distribuir la autoridad tributaria y posiblemente prevenir la doble imposición. Además, al realizar transacciones internacionales con Bitcoin, las personas pueden estar sujetas a requisitos de informes como el Estándar de Reporte Común (CRS) o Informes de Cuentas Bancarias Extranjeras (FBAR).

Dada la complejidad de la tributación de Bitcoin, se recomienda encarecidamente consultar con expertos fiscales que también estén familiarizados con las criptomonedas. Comprender los requisitos fiscales precisos, optimizar las deducciones permitidas y mantener el cumplimiento con las normas fiscales se facilita con la ayuda de profesionales fiscales.

Para el cumplimiento fiscal, es esencial mantener registros detallados de todas las transacciones de Bitcoin, incluyendo facturas de compra y venta, resúmenes de transacciones y datos de la base de costos. Mantener registros precisos puede facilitar la presentación de impuestos y respaldar cualquier reclamación o deducción.

Comprender las implicaciones fiscales de las transacciones de Bitcoin es crucial tanto para individuos como para empresas a medida que la criptomoneda gana popularidad. El estatus de propiedad de Bitcoin y su amplio espectro de eventos imponibles complican la planificación fiscal y la presentación de informes. Es importante negociar adecuadamente cuestiones como el impuesto sobre la renta en la minería y pago de Bitcoin, el impuesto sobre ganancias de capital en la compra y venta de Bitcoin, las obligaciones de informes y las implicaciones fiscales globales. La gestión efectiva de las responsabilidades fiscales de Bitcoin requiere buscar asesoramiento profesional, mantener registros detallados y asegurarse de que se sigan todas las leyes fiscales aplicables. Individuos y organizaciones pueden participar cómodamente en transacciones de Bitcoin mientras cumplen con sus obligaciones fiscales y aprovechan las ventajas de la propiedad de moneda digital al comprender el panorama fiscal e implementar procedimientos fiscales adecuados.

Desafíos legales y controversias en torno a Bitcoin

La primera moneda digital descentralizada en el mundo, Bitcoin, ha transformado la industria financiera y ha atraído considerable interés de los medios de comunicación. Sin embargo, Bitcoin se enfrenta a una serie de desafíos legales y controversias a medida que continúa creciendo en popularidad. Exploraremos las complicaciones legales de Bitcoin en esta sección, incluida la ambigüedad regulatoria, preocupaciones sobre el lavado de dinero, problemas fiscales y su conexión con actividades ilegales. Buscamos arrojar luz sobre el cambiante panorama legal de Bitcoin y sus implicaciones para individuos, empresas y gobiernos mediante el análisis de estos desafíos y conflictos.

Debido a sus características distintivas, los gobiernos y entidades regulatorias encuentran difícil categorizar a Bitcoin. La posición legal y regulatoria de Bitcoin depende de si debe tratarse como una moneda, una mercancía o un activo digital.

Las diferentes posturas regulatorias tomadas hacia Bitcoin en todo el mundo han dejado al sistema legal fragmentado. Para individuos y empresas que operan a través de fronteras, la falta de uniformidad presenta dificultades, complicando el cumplimiento y planteando preguntas legales.

Debido a que Bitcoin es seudónimo, surgen preguntas sobre cómo podría utilizarse para actividades ilegales y lavado de dinero. Según los detractores, el anonimato de las transacciones de Bitcoin atrae a criminales que buscan blanquear dinero o realizar transacciones ilegales.

Para combatir los riesgos de lavado de dinero relacionado con criptomonedas, gobiernos de todo el mundo han implementado regulaciones de Conoce a Tu Cliente (KYC) y contra el lavado de dinero (AML). Según estas regulaciones, las empresas e intercambios deben investigar a sus clientes y reportar cualquier transacción sospechosa.

Existen implicaciones fiscales si Bitcoin se clasifica como propiedad en lugar de moneda. El tratamiento fiscal adecuado, incluido el impuesto sobre ganancias de capital, el impuesto sobre la renta en la minería y los requisitos de informes, es un problema para las autoridades fiscales en muchas jurisdicciones.

La naturaleza descentralizada de Bitcoin dificulta que las autoridades fiscales determinen las implicaciones fiscales de las transacciones internacionales. La complejidad de la tributación de Bitcoin en un entorno mundial aún se está abordando a través de tratados fiscales y sistemas fiscales internacionales.

Los sistemas legales se enfrentan a disputas legales resultantes de transacciones de Bitcoin, como incumplimientos de contrato o fraude. Debido a la naturaleza internacional de las transacciones de Bitcoin, establecer jurisdicción, hacer cumplir contratos y recuperar activos en caso de disputas puede resultar desafiante.

Cada vez se están tomando más medidas de cumplimiento regulatorio contra esquemas engañosos, intercambios no registrados y empresas no conformes. Aunque estas medidas tienen la intención de proteger a los consumidores y preservar la integridad del mercado, también generan preocupaciones sobre los límites del poder regulatorio y posibles excesos regulatorios.

La tecnología que respalda a Bitcoin, la cadena de bloques, tiene el potencial de revolucionar muchas otras industrias. Sin embargo, los marcos legales han tenido dificultades para mantenerse al día con el rápido desarrollo de la cadena de bloques, lo que genera inquietudes sobre los derechos de propiedad intelectual, la privacidad de datos y la aplicabilidad de contratos inteligentes.

Las Ofertas Iniciales de Monedas (ICOs), una forma de recaudación de fondos que implica la emisión de tokens digitales, han recibido atención legal debido a preocupaciones sobre la protección de los inversores y la legislación de valores. Determinar cuándo los tokens deben clasificarse como valores y estar sujetos a marcos regulatorios existentes ha resultado difícil para los reguladores.

Los inversores están en riesgo debido a la volatilidad del precio de Bitcoin y la posibilidad de manipulación del mercado. Al fomentar la conciencia del inversor y educar al público sobre los riesgos asociados con la inversión en criptomonedas, los gobiernos y las autoridades buscan proteger a los consumidores.

Dado que Bitcoin es descentralizado y en gran medida no regulado, ha fomentado un ambiente propicio para el fraude y prácticas comerciales dudosas. Han surgido esquemas piramidales, estafas de phishing y falsas Ofertas Iniciales de Monedas, dirigidas a personas ingenuas. La seguridad pública depende de educar a los clientes e implementar leyes contra el fraude.

La introducción de Bitcoin perturbó las estructuras bancarias establecidas y generó diversas controversias y desafíos legales. El entorno legal en torno a Bitcoin está en constante cambio debido a la incertidumbre regulatoria, preocupaciones sobre el lavado de dinero y otras actividades ilegales, desafíos fiscales, batallas legales y preocupaciones sobre la protección de los inversores. Encontrar soluciones adecuadas y lograr un equilibrio entre la innovación, la protección del consumidor y la preservación de la integridad de los mercados financieros es un desafío para los gobiernos, los reguladores y los sistemas legales. Los responsables de la formulación de políticas pueden crear marcos regulatorios sólidos que fomenten la innovación al tiempo que preservan el interés público al negociar estos problemas legales. Para gestionar con éxito el entorno legal en torno a Bitcoin, las personas y las organizaciones deben estar actualizadas sobre los requisitos legales cambiantes, obtener asesoramiento legal según sea necesario y cumplir con las obligaciones de cumplimiento.

Perspectivas futuras para la regulación de Bitcoin

La revolucionaria criptomoneda Bitcoin ha perturbado los sistemas financieros establecidos y ha generado un debate sobre la necesidad de marcos regulatorios a nivel mundial. Las perspectivas futuras para la regulación de Bitcoin siguen siendo un tema de gran interés, ya que los gobiernos y las agencias reguladoras luchan con las dificultades y oportunidades planteadas por la criptomoneda. Exploraremos las implicaciones y los futuros posibles de la regulación de Bitcoin en esta sección. Hablaremos sobre temas importantes como marcos legales, cooperación internacional, desarrollos tecnológicos y el papel en evolución de las criptomonedas en la economía mundial. Buscamos aclarar el futuro y cualquier efecto potencial en las personas, las empresas y el panorama financiero en general al examinar estas perspectivas.

La creación de marcos regulatorios más estándar y transparentes es una posible oportunidad futura para la regulación de Bitcoin. Los gobiernos y las organizaciones regulatorias pueden esforzarse por establecer regulaciones claras que especifiquen la posición legal de Bitcoin, los impuestos, los requisitos de informes y las protecciones para los inversores. Las regulaciones claras pueden fomentar la innovación mientras previenen actividades ilegales.

Encontrar un equilibrio entre fomentar la innovación y mantener la estabilidad financiera es un problema para los reguladores. Los futuros marcos regulatorios pueden diseñarse para abordar preocupaciones relacionadas con las criptomonedas, como la volatilidad del mercado, los peligros sistémicos y la protección del consumidor, al tiempo que fomentan un entorno que promueve la innovación tecnológica.

Para abordar la naturaleza global de Bitcoin, la cooperación internacional entre gobiernos y agencias reguladoras es crucial. Para mejorar las transacciones transfronterizas y reducir la fragmentación regulatoria, las perspectivas futuras pueden incluir la coordinación de estrategias regulatorias, el intercambio de mejores prácticas y la adopción de estándares uniformes.

Los esfuerzos regulatorios futuros podrían centrarse en mejorar las herramientas de aplicación transfronteriza cuando las transacciones de Bitcoin crucen fronteras nacionales. La colaboración en la lucha contra el lavado de dinero relacionado con criptomonedas, la financiación del terrorismo y otras actividades ilegales puede mejorar la eficiencia regulatoria y fomentar la confianza en el sistema financiero global.

La tecnología blockchain, que sustenta a Bitcoin, tiene un enorme potencial fuera de las monedas digitales. La legislación futura puede estar orientada a promover el uso de la tecnología blockchain en diversas industrias al tiempo que resuelve problemas relacionados con la privacidad de los datos, los contratos inteligentes y la interoperabilidad.

Los gobiernos tienen ahora la oportunidad de investigar la integración de Bitcoin y otras criptomonedas en sus sistemas monetarios debido al crecimiento de las monedas digitales de los bancos centrales (CBDC, por sus siglas en inglés). Puede ser necesario desarrollar marcos regulatorios que respalden la coexistencia de CBDC y criptomonedas descentralizadas en el futuro para fomentar la inclusión financiera y la innovación.

La legislación futura podría centrarse en crear un entorno seguro y regulado para su participación, ya que los inversores institucionales ingresan cada vez más al mercado de Bitcoin. Esto podría implicar la creación de marcos de inversión, leyes de custodia e infraestructura para el comercio y almacenamiento de Bitcoin a nivel institucional.

La posible integración de Bitcoin con los sistemas financieros convencionales puede influir en las estrategias regulatorias futuras. La colaboración entre intercambios de criptomonedas e instituciones financieras establecidas puede dar lugar a controles de cumplimiento más confiables, interoperabilidad y una integración fluida de las criptomonedas en los marcos actuales.

Las perspectivas futuras podrían presenciar un cambio en el enfoque regulatorio hacia Bitcoin, pasando de un escepticismo y resistencia iniciales a una postura más cooperativa. Para fomentar el diálogo, comprender los beneficios potenciales y abordar proactivamente las preocupaciones, los reguladores pueden interactuar activamente con los actores de la industria, instituciones académicas y desarrolladores de tecnología.

La futura regulación podría tener en cuenta cómo cambian las percepciones de las personas sobre las criptomonedas a medida que la conciencia pública y la comprensión de Bitcoin siguen aumentando. Para educar a los consumidores, combatir la desinformación y aumentar la confianza pública en las ventajas potenciales de Bitcoin y otras monedas digitales, deben tomarse medidas regulatorias.

Las perspectivas de regular Bitcoin en el futuro son complejas e incluyen marcos legales, colaboración internacional, desarrollos tecnológicos y el cambiante papel de las criptomonedas en la economía global. El futuro panorama regulatorio debe formarse estableciendo uniformidad y transparencia regulatorias, equilibrando la innovación y la estabilidad, y fomentando la cooperación global. Aprovechar los desarrollos técnicos ofrece oportunidades de integración y adopción a gran escala, como la tecnología blockchain y las monedas digitales emitidas por bancos centrales. La futura regulación de Bitcoin debería tener en cuenta las ventajas potenciales al abordar los peligros y garantizar la protección del consumidor a medida que la tecnología continúa desarrollándose. Los reguladores, las empresas y las personas pueden aprovechar plenamente la promesa de Bitcoin al tiempo que preservan la integridad y estabilidad del sistema financiero internacional avanzando con un enfoque abierto y cooperativo.

Capítulo VIII

Criptomonedas Alternativas y el Futuro de Bitcoin

Introducción a otras criptomonedas populares

Si bien Bitcoin sigue siendo la criptomoneda más conocida y destacada, el panorama de las monedas digitales ha cambiado drásticamente, dando lugar a otras criptomonedas alternativas. Abordaremos algunas de las criptomonedas bien conocidas que han surgido junto a Bitcoin en esta sección. Investigaremos sus cualidades especiales, tecnologías subyacentes y usos potenciales. Buscamos presentar una visión general del ecosistema en desarrollo de activos digitales y destacar el impacto potencial de estas criptomonedas alternativas adentrándonos en el variado mundo de las criptomonedas.

Una plataforma descentralizada de cadena de bloques llamada Ethereum (ETH) facilita el desarrollo y la ejecución de contratos inteligentes. Gracias a la introducción del concepto de dinero programable, los desarrolladores pueden crear aplicaciones descentralizadas (DApps) y lanzar nuevos activos digitales mediante ofertas iniciales de monedas (ICOs).

La capacidad de llevar a cabo contratos inteligentes, contratos autoejecutables con circunstancias predefinidas, es lo que hace única a Ethereum. Esta funcionalidad ha allanado el camino para numerosas aplicaciones descentralizadas en diversos sectores, como la gestión de identidad, juegos de azar, banca y cadena de suministro.

Un protocolo de pago digital llamado Ripple (XRP) fue creado para hacer posibles transacciones transfronterizas rápidas, económicas y seguras. Su criptomoneda nativa, llamada XRP, actúa como una moneda puente que permite transferencias entre varias monedas fiduciarias.

La arquitectura y el mecanismo de consenso de Ripple están diseñados para aumentar la eficacia de las instituciones bancarias convencionales. Puede revolucionar las remesas internacionales y la gestión de liquidez al permitir que las instituciones financieras liquiden transacciones en tiempo real y a tasas más bajas.

Litecoin (LTC), una criptomoneda de igual a igual desarrollada por Charlie Lee, es frecuentemente llamada la plata del oro de Bitcoin. A pesar de tener un algoritmo de hash diferente y tiempos de generación de bloques más rápidos que Bitcoin, es muy comparable a esa moneda digital.

Litecoin difiere de Bitcoin en que su tiempo de generación de bloques es más rápido y su límite de suministro es mayor. Promete acelerar las confirmaciones de transacciones y ofrecer a los consumidores regulares una segunda opción para la moneda digital.

Una plataforma blockchain llamada Cardano (ADA) tiene la intención de ofrecer una base segura y escalable para la creación de aplicaciones descentralizadas y contratos inteligentes. Coloca un fuerte énfasis en un enfoque académicamente riguroso centrado en la cadena de bloques.

Ouroboros, un algoritmo de consenso único desarrollado por Cardano, hace uso del protocolo de prueba de participación. A diferencia del proceso intensivo en energía de prueba de trabajo de Bitcoin, tiene como objetivo mejorar la escalabilidad, eficiencia energética y sostenibilidad general.

Un protocolo blockchain llamado Polkadot (DOT) tiene la intención de permitir que varias blockchains se comuniquen entre sí de manera fluida. Busca superar problemas de escalabilidad y promover la cooperación entre diversas redes de blockchain.

La "red de blockchains" propuesta por Polkadot permite la transferencia de activos y datos entre varias cadenas. Ofrece oportunidades para que blockchains especializadas colaboren y compartan activos, mejorando en última instancia la usabilidad y funcionalidad de las aplicaciones descentralizadas.

Con un énfasis en la inclusión financiera, Stellar (XLM) es una plataforma descentralizada creada para hacer posibles pagos transfronterizos rápidos y asequibles. Aspira a conectar individuos, sistemas de pago e instituciones financieras para construir una red financiera global diversa.

La representación de múltiples activos en la cadena de bloques es posible gracias a la red de Stellar, que permite la emisión y transferencia fluida de tokens. Esta función posibilita la tokenización de activos físicos y la realización de micropagos y remesas.

Las criptomonedas alternativas ofrecen una variedad de características y casos de uso más allá del papel pionero de Bitcoin a medida que el mercado de criptomonedas continúa desarrollándose. El creciente ecosistema de activos digitales se beneficia de las capacidades de los contratos inteligentes de Ethereum, la concentración de Ripple en pagos eficientes a nivel mundial, las transacciones rápidas de Litecoin, el enfoque metódico de Cardano, la interoperabilidad de Polkadot, la inclusión financiera de Stellar y muchas otras criptomonedas. Cada criptomoneda aborda un problema diferente y sirve a un propósito distinto, creando nuevas oportunidades para la interrupción e innovación en numerosas industrias. Individuos y empresas pueden obtener una comprensión más profunda del ecosistema de activos digitales y tener en cuenta los posibles efectos y oportunidades que brindan al explorar estas criptomonedas alternativas.

Explorando el potencial de la tecnología blockchain más allá de Bitcoin

Aunque la tecnología blockchain fue popularizada por primera vez por Bitcoin, tiene muchos usos que van mucho más allá de las criptomonedas. Esta sección destacará el potencial transformador de la tecnología blockchain en diversas industrias. Analizaremos las propiedades fundamentales de la blockchain, como la descentralización, transparencia, inmutabilidad y seguridad. Buscamos iluminar el enorme potencial de la tecnología blockchain más allá de Bitcoin al examinar casos de uso del mundo real, desafíos y perspectivas futuras.

Al distribuir datos entre numerosos nodos y obtener consenso mediante técnicas como Prueba de Trabajo (PoW) o Prueba de Participación (PoS), la tecnología blockchain permite redes descentralizadas. Como resultado, no hay necesidad de autoridades centralizadas y se aumenta la confianza de los participantes.

Todos los participantes pueden examinar y confirmar transacciones registradas en el libro mayor distribuido debido a la transparencia de la blockchain. La naturaleza prácticamente inmutable de las transacciones una vez que se registran en la blockchain mejora la seguridad e integridad de los datos.

Al ofrecer un registro inmutable y transparente que sigue el flujo de bienes desde el punto de origen hasta el consumidor final, la cadena de bloques puede transformar la gestión de la cadena de suministro. Esto permite aumentar la optimización de la cadena de suministro, la verificación de autenticidad y la trazabilidad.

Al establecer un registro confiable e impenetrable de la procedencia de un producto, asegurando su autenticidad y limitando la circulación de artículos falsos, la tecnología blockchain puede ayudar a combatir el fraude y la falsificación.

Los pagos transfronterizos podrían simplificarse mediante soluciones basadas en blockchain, lo que reduciría costos, aceleraría las transacciones y ampliaría el acceso financiero. La tecnología blockchain tiene el poder de transformar el sector de remesas y permitir transacciones directas de persona a persona al eliminar intermediarios.

Las finanzas descentralizadas (DeFi) ahora tienen más opciones gracias a los contratos inteligentes, acuerdos autoejecutables almacenados en la cadena de bloques. Las plataformas basadas en blockchain están transformando los servicios financieros tradicionales al permitir el desarrollo de sistemas descentralizados de préstamos, préstamos y comercio.

La tecnología blockchain proporciona una base segura y descentralizada para gestionar datos de salud. La cadena de bloques se puede utilizar para almacenar datos de pacientes, realizar investigaciones médicas y gestionar el consentimiento, preservando la integridad, privacidad e interoperabilidad de los datos.

Los problemas de autenticación de medicamentos y cadenas de suministro en la industria farmacéutica pueden resolverse con blockchain. La cadena de bloques aumenta la transparencia, reduce la incidencia de medicamentos falsos y mejora la seguridad del paciente al rastrear el movimiento de medicamentos a lo largo de la cadena de suministro.

Los sistemas de votación impulsados por blockchain pueden mejorar la responsabilidad, disminuir el fraude y aumentar la confianza del votante en el proceso político. Los registros inmutables de la cadena de bloques garantizan la precisión de la información de votación y facilitan auditorías rápidas y sencillas.

La tecnología blockchain puede otorgar a las personas control sobre sus datos personales y acelerar los procedimientos de verificación de identificación al proporcionar identificaciones digitales auto-soberanas. Esto tiene efectos en varios servicios públicos, incluida la emisión de pasaportes, licencias de conducir y servicios sociales.

La tecnología blockchain aún enfrenta problemas de escalabilidad debido a restricciones en la capacidad de la red y la velocidad de procesamiento de transacciones. El objetivo de la investigación en curso y la creación de soluciones novedosas es abordar estos problemas y abrir la puerta a una adopción generalizada.

Los marcos regulatorios deben mantenerse al día con las mejoras tecnológicas a medida que se desarrollan las aplicaciones de blockchain. Los gobiernos y las organizaciones reguladoras deben encontrar un equilibrio entre fomentar la innovación y abordar problemas relacionados con los derechos del consumidor, la privacidad y la protección de datos.

La tecnología blockchain ofrece oportunidades disruptivas en los negocios y va mucho más allá de Bitcoin. Ofrece perspectivas de mejora en la trazabilidad, procedimientos más rápidos y mayor confianza debido a su naturaleza descentralizada, transparencia y seguridad. La cadena de bloques está alterando procesos establecidos y fomentando la innovación en diversas industrias, incluyendo la gestión de la cadena de suministro, finanzas, atención médica y gobierno. A pesar de los obstáculos, la investigación y el desarrollo continuos, así como los marcos legales, ayudarán a que la tecnología blockchain alcance su máximo potencial. Un futuro más inclusivo y descentralizado se puede lograr al abrazar la tecnología blockchain con una mentalidad progresista, lo que puede abrir nuevas puertas para la eficiencia, transparencia y colaboración.

Desarrollos futuros y tendencias actuales en el espacio de las criptomonedas

Desde la creación de Bitcoin en 2009, ha habido una expansión significativa y un desarrollo en la industria de las criptomonedas. Examinaremos las tendencias actuales y los posibles cambios futuros en el sector de las criptomonedas en esta sección, destacando el camino hacia la innovación. Exploraremos temas importantes, incluyendo finanzas descentralizadas (DeFi), tokens no fungibles (NFT), monedas digitales de bancos centrales (CBDC), soluciones de escalabilidad y los posibles efectos de la tecnología en desarrollo. Buscamos ofrecer perspectivas sobre el potencial revolucionario de las criptomonedas y su papel en influir en el futuro de las finanzas y la tecnología al explorar estas tendencias y desarrollos.

El instrumento financiero descentralizado (DeFi) se refiere al uso de contratos inteligentes y tecnología blockchain para replicar productos financieros convencionales. Incluye préstamos, préstamos, intercambios descentralizados, agricultura de rendimiento, así como otras aplicaciones financieras innovadoras.

DeFi ha crecido rápidamente, y ahora hay varios protocolos diferentes con valor de miles de millones de dólares. DeFi proporciona a las personas una mayor inclusión financiera, acceso directo a servicios financieros y la oportunidad de obtener mayores rendimientos. Sin embargo, aún existen dificultades, como vulnerabilidades de seguridad y problemas regulatorios.

Los tokens no fungibles (NFT) son tokens digitales especiales que representan la propiedad o proporcionan prueba de autenticidad para bienes digitales como música, obras de arte y otras cosas. Utilizan la tecnología blockchain para ofrecer verificabilidad, procedencia y escasez.

Los NFT han revolucionado los sectores de las artes y el entretenimiento al permitir que los artistas ganen dinero con sus obras digitales e interactúen directamente con su audiencia. Proporcionan nuevas fuentes de ingresos, propiedad fraccional y estructuras de regalías abiertas. Sin embargo, continúan existiendo problemas con la infracción de derechos de autor y preocupaciones ambientales.

Las Monedas Digitales de Bancos Centrales (CBDC) son representaciones digitales de la moneda fiduciaria de una nación creadas y gestionadas por un banco central. Buscan combinar la programabilidad y eficiencia de las criptomonedas con la estabilidad de las monedas fiduciarias convencionales.

Las CBDC tienen beneficios como una mayor inclusión financiera, mayor eficiencia en los pagos y herramientas mejoradas de política monetaria. Sin embargo, al ponerlas en práctica, es importante tener en cuenta problemas de privacidad, ciberseguridad y soberanía monetaria.

Existen problemas de escalabilidad con la tecnología blockchain en términos de capacidad de red y velocidad de procesamiento de transacciones. Las soluciones de escalabilidad son esenciales para proporcionar redes blockchain efectivas y escalables a medida que aumenta la demanda de criptomonedas.

Con el fin de reducir la congestión y aumentar la capacidad de procesamiento de transacciones, se utilizan soluciones de capa 2 como canales de pago y sidechains. La comunicación entre varias redes blockchain se facilita mediante protocolos de interoperabilidad como Polkadot y Cosmos, aumentando la escalabilidad y flexibilidad.

La gestión de la cadena de suministro, la logística y la integridad de los datos son solo algunas de las industrias que podrían beneficiarse de la combinación de tecnologías blockchain y del Internet de las cosas (IoT). La seguridad y la confianza de los ecosistemas de IoT pueden mejorarse gracias a la naturaleza descentralizada y transparente de la blockchain.

La privacidad de los datos, la gestión de identidades y el análisis predictivo podrían revolucionarse mediante la fusión de la blockchain con la inteligencia artificial (IA). La blockchain puede proporcionar a los algoritmos de IA un marco seguro y verificable, aumentando la confianza y la protección de la privacidad.

Los problemas regulatorios presentados por las criptomonedas están siendo abordados de manera agresiva por gobiernos y autoridades regulatorias en todo el mundo. Para asegurar la seguridad de las inversiones, el cumplimiento de normativas contra el lavado de dinero y los derechos del consumidor, los marcos regulatorios están evolucionando.

Organizaciones estandarizadas y consorcios de la industria están desarrollando normas de interoperabilidad, pautas de seguridad y mejores prácticas. Los esfuerzos hacia la estandarización pueden fomentar la cooperación, mejorar la interoperabilidad y crear marcos uniformes para la industria de las criptomonedas.

Las tendencias actuales y los desarrollos futuros en el espacio de las criptomonedas señalan una era transformadora en tecnología y finanzas. Las fuerzas clave detrás de la innovación incluyen DeFi, NFT, CBDC, soluciones de escalabilidad y tecnologías futuras. A pesar de las dificultades, es imposible ignorar las ventajas potenciales de las criptomonedas en términos de derechos de propiedad, eficiencia y seguridad. El futuro de las criptomonedas será moldeado por la colaboración de las partes interesadas, la claridad legislativa y los desarrollos tecnológicos, allanando el camino hacia un sistema financiero global más descentralizado, inclusivo y efectivo. Aprovechar el potencial de estas tendencias y desarrollos puede abrir nuevas oportunidades y provocar cambios positivos a medida que la industria de las criptomonedas continúa prosperando.

Predicciones y posibilidades para el futuro de Bitcoin.

Desde su inicio, Bitcoin, la criptomoneda original, ha transformado por completo el panorama financiero. Es completamente razonable hacer predicciones sobre la trayectoria de Bitcoin y sus posibles efectos a medida que sigue ganando popularidad. El futuro de Bitcoin se predice y discute en esta sección, teniendo en cuenta elementos importantes como la aceptación, la regulación, el desarrollo tecnológico, las tendencias macroeconómicas y los cambios sociológicos. Queremos ofrecer perspectivas sobre las posibles direcciones que podría tomar Bitcoin y su potencial transformador al evaluar estas características.

La creciente participación de inversores institucionales en el mercado de criptomonedas es un indicio del potencial y la aceptación en expansión de Bitcoin. Grandes corporaciones, fondos de cobertura y gestores de activos podrían realizar inversiones que aumenten la liquidez del mercado, la estabilidad y la aceptación.

Es posible que Bitcoin gradualmente reemplace las monedas tradicionales para transacciones cotidianas a medida que más tiendas y servicios comienzan a aceptarlo como forma de pago. Una mayor adopción y uso de Bitcoin puede facilitarse mediante la incorporación de pasarelas de pago para él y la creación de billeteras amigables para el usuario

Las regulaciones que rigen las criptomonedas están cambiando constantemente. Las empresas e inversores podrían aceptar Bitcoin de manera más amplia e integrarlo en instituciones financieras convencionales si las regulaciones son claras y favorables.

La posibilidad de que los bancos centrales emitan dinero virtual o trabajen con criptomonedas ya existentes, como Bitcoin, puede ayudar a cerrar la brecha entre las monedas fiat centralizadas y las criptomonedas descentralizadas. Esta integración puede resultar en mayor eficiencia, inclusión financiera y estabilidad.

Tecnologías de capa 2 como la Red Lightning pueden aliviar los problemas de escalabilidad de Bitcoin al permitir transacciones más rápidas y menos costosas fuera de la cadena principal, al tiempo que emplean la seguridad de la blockchain subyacente.

La introducción de transacciones confidenciales o pruebas de conocimiento cero, por ejemplo, son avances tecnológicos dirigidos a fortalecer las características de privacidad dentro de la red Bitcoin. Estos avances pueden mejorar la privacidad del usuario y aumentar la adopción entre personas y organizaciones conscientes de la privacidad.

Debido a su escasez y estructura descentralizada, Bitcoin tiene el potencial de actuar como protección contra la inflación y otros riesgos económicos. A medida que los sistemas financieros mundiales enfrentan dificultades, Bitcoin podría ser percibido cada vez más como una reserva de valor, atrayendo a inversores en busca de un sustituto virtual de activos convencionales.

En naciones con monedas inestables o acceso limitado a servicios bancarios convencionales, Bitcoin puede ofrecer una alternativa descentralizada y accesible. El uso de Bitcoin podría aumentar a nivel mundial y cambiar la inclusión financiera como resultado de su creciente popularidad en mercados emergentes.

La promesa de Bitcoin como un activo digital fiable y descentralizado puede volverse cada vez más evidente a medida que la transformación digital se extienda por diversas industrias. Las crisis económicas pueden erosionar la confianza pública en los sistemas financieros establecidos, aumentando la demanda de alternativas financieras.

La percepción y adopción de criptomonedas como Bitcoin pueden verse afectadas por la inestabilidad geopolítica y conflictos monetarios. Como un activo digital sin fronteras y resistente a la censura, Bitcoin podría volverse más popular en áreas donde las personas deseen ejercer su independencia financiera o evadir regulaciones de capitales.

La atención puede desplazarse hacia la resolución de problemas como el uso de energía relacionado con la minería de bitcoin. La viabilidad de la red de Bitcoin puede mejorarse al seguir adoptando fuentes de energía renovable y creando técnicas de minería más eficientes en términos energéticos.

Puede haber iniciativas para promover la neutralidad de carbono y reducir el impacto ambiental de Bitcoin. La red puede alinearse con prácticas sostenibles mediante la incorporación de créditos de carbono o la financiación de proyectos ecológicos utilizando métodos basados en Bitcoin.

El potencial de Bitcoin para cambiar el mundo en el futuro es vasto. A medida que aumenta la adopción, cambian los marcos legales, se desarrollan nuevas tecnologías y cambian las opiniones públicas, es posible que Bitcoin termine desempeñando un papel más importante en el sistema financiero mundial. Su función como medio de intercambio, reserva de valor y clase de activo descentralizada tiene el potencial de transformar las finanzas convencionales, ampliar la inclusión financiera y estimular la innovación. La resistencia de Bitcoin, sus fundamentos tecnológicos y la expansión de su comunidad proporcionan una plataforma sólida para su crecimiento y evolución continuos, a pesar de que aún existen dificultades e incertidumbres. Bitcoin tiene la capacidad de allanar el camino hacia un futuro digital que empodere a las personas, fomente la independencia financiera y abra nuevas vías para el progreso económico al abrazar las posibilidades y resolver los problemas.

Conclusión

Resumen de los puntos clave abordados en el e-book

A lo largo de este e-book, hemos explorado una variedad de aspectos relacionados con Bitcoin, incluyendo sus fundamentos, su historia histórica, sus bases tecnológicas, sus aplicaciones prácticas y las preocupaciones regulatorias que lo rodean. En esta sección, revisaremos los temas más importantes discutidos en el e-book, proporcionando un resumen conciso de los puntos clave y las percepciones más relevantes obtenidas de nuestra investigación del entorno de Bitcoin. El propósito de esta sección es ofrecer una visión integral y reforzar el conocimiento adquirido a lo largo del resto del e-book al revisar algunos problemas esenciales.

I. Comprensión de Bitcoin:

Para comenzar, nos sumergimos en los fundamentos de Bitcoin, abordando temas como su naturaleza descentralizada, la idea detrás de la tecnología blockchain y la función de la criptografía en garantizar la seguridad de las transacciones de Bitcoin. Examinamos las posibilidades de Bitcoin tanto como medio de intercambio como una forma de almacenar valor, destacando las formas en que las transacciones de Bitcoin son distintas de aquellas que involucran monedas tradicionales.

II. Explorando la Historia de Bitcoin:

Nos embarcamos en un viaje a través de la historia de Bitcoin, comenzando con sus misteriosos orígenes con la publicación del libro blanco de Bitcoin por Satoshi Nakamoto y avanzando a través de su rápida expansión, fluctuaciones en el mercado y reconocimiento por parte del público en general. Hablamos sobre hitos significativos, eventos importantes y figuras influyentes que desempeñaron un papel en la evolución y popularidad de Bitcoin a lo largo de su existencia.

III. Conceptos Clave: Blockchain, Descentralización y Criptografía:

Revisamos algunas de las ideas clave de Bitcoin, como la cadena de bloques, la descentralización y la criptografía. Explicamos cómo la cadena de bloques puede considerarse como un libro de contabilidad descentralizado que no solo registra todas las transacciones de Bitcoin, sino que también garantiza su transparencia, inmutabilidad y seguridad. Además de esto, hablamos sobre las ventajas y desventajas de la descentralización, así como el papel crucial que desempeñan los métodos criptográficos en garantizar la seguridad de las transacciones de Bitcoin.

IV. Cómo Bitcoin Difiere de las Monedas Tradicionales:

En esta parte, comparamos Bitcoin con las monedas fiat tradicionales y destacamos las diferencias más importantes entre ambas. Hablamos sobre cómo Bitcoin es descentralizado, cómo su oferta es limitada y cómo es independiente de los bancos centrales y la autoridad gubernamental. Las consecuencias de la volatilidad de Bitcoin, la velocidad de las transacciones y el potencial para la inclusión financiera y transacciones sin fronteras también se investigaron en esta parte del e-book.

V. Configuración de una Billetera de Bitcoin:

Ofrecimos instrucciones sobre cómo crear una billetera de Bitcoin, durante las cuales discutimos las diversas opciones de billeteras actualmente disponibles, como las billeteras de software, las billeteras de hardware y las billeteras en línea. En cuanto a la protección de las tenencias de Bitcoin, destacamos la importancia de tomar precauciones, como el uso de contraseñas complejas, la autenticación de dos factores y la realización de copias de seguridad regulares.

VI. Elección de un Intercambio de Bitcoin de Confianza:

Elegir un intercambio de Bitcoin confiable requiere una cuidadosa consideración, y repasamos algunos de los mejores métodos para hacerlo. Investigamos aspectos como las tarifas de negociación, la liquidez, el servicio al cliente y el cumplimiento normativo, así como la experiencia del usuario y las medidas de seguridad. Antes de decidirse por un intercambio, destacamos lo importante que es llevar a cabo una investigación exhaustiva y ejercer la diligencia debida adecuada.

VII. Seguridad de tus Tenencias de Bitcoin:

Investigamos los métodos más efectivos de protección contra fraudes, robos y hackeos, ya que éramos conscientes de la necesidad de garantizar la seguridad de las tenencias de Bitcoin. Hablamos sobre otras soluciones, como el almacenamiento en frío, billeteras que requieren múltiples firmas y el uso de billeteras de hardware.

Además de esto, enfatizamos la importancia de siempre utilizar las versiones más recientes de software y hardware, permanecer atentos contra intentos de phishing y seguir estrictos procedimientos de seguridad.

VIII. Compra de tu Primer Bitcoin:

Hemos publicado una guía detallada sobre cómo comprar Bitcoin, en la que abordamos varias opciones, incluidos intercambios peer-to-peer, intercambios centralizados y cajeros automáticos de Bitcoin. Destacamos la importancia de realizar transacciones en plataformas con buena reputación, utilizar métodos de pago seguros y estar al tanto de los posibles riesgos y la volatilidad en el mercado.

IX. Explorando Diferentes Tipos de Billeteras de Bitcoin:

Profundizamos en detalle en los muchos tipos diferentes de billeteras de Bitcoin, que incluyen billeteras móviles, billeteras de papel, billeteras de hardware y también billeteras de software. Exploramos sus características, ventajas y consideraciones, con el objetivo de ayudar a los lectores a seleccionar la opción de billetera que mejor satisfaga sus requisitos, preferencias de facilidad de uso y niveles de seguridad preferidos.

X. Comprendiendo las Direcciones y Claves Privadas de Bitcoin:

Explicamos cómo se generan, mantienen y utilizan las direcciones y claves privadas de Bitcoin en las transacciones de Bitcoin, eliminando así parte del misterio que las rodea. Debido a que son el medio a través del cual se pueden controlar y acceder a las tenencias de Bitcoin, enfatizamos la necesidad de mantener seguras las claves privadas. Hablamos sobre la importancia de almacenar de manera segura las claves privadas, así como el uso de frases mnemotécnicas y diferentes soluciones de respaldo.

XI. Uso de Bitcoin para Transacciones:
Exploramos los aspectos prácticos de utilizar Bitcoin para transacciones y hablamos sobre el proceso de enviar y recibir pagos en Bitcoin como parte de nuestra investigación. Discutimos la función de las tarifas de transacción, la importancia de validar los datos de la transacción y el uso de códigos QR para agilizar el proceso de realizar un pago. Además de esto, hablamos sobre los posibles beneficios de utilizar Bitcoin para negocios internacionales y compras en línea.

XII. Envío y Recepción de Pagos con Bitcoin:
Ofrecimos una explicación completa de los pasos involucrados en el envío y recepción de pagos utilizando Bitcoin, haciendo hincapié en la necesidad de direcciones de destinatario precisas, confirmaciones de transacciones y sincronización de billeteras a lo largo de nuestra discusión. También exploramos soluciones potenciales para la escalabilidad de las transacciones y hablamos sobre el papel que desempeñan las tarifas de transacción para asegurar que las confirmaciones se envíen a tiempo.

XIII. Cómo Funciona la Minería de Bitcoin:
Quitamos parte del misterio en torno al proceso de minería de Bitcoin al elaborar sobre el papel que desempeñan los mineros en el mantenimiento de la integridad de la red y la confirmación de transacciones. Durante el curso de la discusión, abordamos el método para resolver acertijos computacionales, los beneficios de la minería

y la idea de los grupos de minería. También destacamos la cantidad de energía que se consume en la minería y los esfuerzos continuos que se están haciendo para establecer procesos de minería más respetuosos con el medio ambiente.

XIV. Opciones de Hardware y Software de Minería:
Revisamos las diferentes opciones de hardware y software disponibles para la minería de Bitcoin, y hablamos sobre cómo el equipo de minería ha progresado desde las CPUs de propósito general hasta los mineros ASIC especializados. Discutimos la importancia de calcular la rentabilidad de la minería teniendo en cuenta una variedad de criterios, incluida la dificultad de minería, el costo de la energía y el rendimiento del hardware de minería. También hablamos sobre las diversas soluciones de software de minería y su importancia en términos de hacer que las operaciones de minería sean más eficientes.

XV. Unirse a un Grupo de Minería:
Discutimos sobre las ventajas y cosas a tener en cuenta antes de unirse a un grupo de minería. Una organización de mineros, conocida como un grupo de minería, coopera para aumentar la probabilidad de que logren minar con éxito un bloque y dividir las recompensas. Investigamos las diversas formas de grupos de minería, las tarifas asociadas con cada uno y los criterios que deben considerarse al seleccionar un grupo. Hicimos hincapié en la importancia de investigar la reputación del grupo, la durabilidad de la red y los procesos de pago.

XVI. El Papel de la Cadena de Bloques en la Seguridad de las Transacciones de Bitcoin:

Llamamos la atención sobre el papel fundamental que desempeña la cadena de bloques en el proceso de protección de las transacciones de Bitcoin al ofrecer un registro descentralizado e inmutable de todas las transacciones de Bitcoin. Revisamos las diversas técnicas de consenso, como la prueba de trabajo y la prueba de participación, que son responsables de garantizar la legitimidad de las transacciones y la seguridad de las redes. También exploramos las formas en que la tecnología de la cadena de bloques podría utilizarse con fines distintos a los de Bitcoin.

XVII. Mejores Prácticas para Asegurar tus Bitcoin:

Proporcionamos orientación detallada sobre los métodos más efectivos para asegurar las tenencias de Bitcoin, que incluyeron recomendaciones para la creación de contraseñas robustas, la implementación de la autenticación de dos factores, la utilización de billeteras con múltiples firmas y la actualización periódica de software y firmware. Subrayamos la importancia del almacenamiento fuera de línea, así como las opciones de copias de seguridad seguras como estrategia de mitigación de riesgos.

XVIII. Protección contra Hacks y Estafas:

Tuvimos una discusión sobre diferentes formas de protegernos de los peligros que plantean los hackers y estafadores en el campo de las criptomonedas, ya que somos conscientes de estos riesgos. Hablamos sobre la importancia de mantener una buena higiene de ciberseguridad, estar al tanto de intentos de phishing y permanecer vigilantes contra esquemas fraudulentos. En lo que respecta a actividades relacionadas con criptomonedas, también proporcionamos orientación sobre cómo reconocer sitios confiables y realizar una investigación exhaustiva.

XIX. Consideraciones de Privacidad al Usar Bitcoin:
Discutimos la naturaleza seudónima de las transacciones de Bitcoin y enfoques potenciales para mejorar la privacidad, como la mezcla de monedas y el uso de billeteras centradas en la privacidad, como parte de nuestra exploración de las implicaciones de privacidad al usar Bitcoin. Investigamos los compromisos que se pueden hacer entre la privacidad y el cumplimiento normativo, con un enfoque en la importancia de ser consciente de las implicaciones de privacidad que conlleva el uso de criptomonedas como Bitcoin.

XX. Anonimato versus Transparencia en la Red Bitcoin:
Profundizamos en la tensión que existe en la red Bitcoin entre el anonimato y la transparencia, discutiendo la naturaleza seudónima de las transacciones, así como la posibilidad de que el análisis de la cadena de bloques pueda revelar patrones en el comportamiento de las transacciones. Investigamos las dificultades y preocupaciones asociadas con la privacidad, la legislación y la necesidad de apertura en diversos casos de uso.

XXI. Comprendiendo la Volatilidad del Precio de Bitcoin:
Exploramos los elementos que contribuyen a la volatilidad del precio de Bitcoin, como los cambios en la demanda del mercado y el sentimiento de los inversores, así como los movimientos en políticas macroeconómicas y regulatorias. Examinamos los posibles riesgos y oportunidades asociados con la volatilidad del precio, y destacamos

la necesidad de la gestión de riesgos y estrategias de inversión a largo plazo.

XXII. Diferentes Enfoques para Operar con Bitcoin:

Investigamos diversas formas de operar con Bitcoin, incluyendo el day trading, swing trading e inversión a largo plazo. Revisamos la importancia de la gestión de riesgos, el análisis técnico y el análisis fundamental en el proceso de tomar decisiones informadas sobre la operación. Además, subrayamos lo crucial que es estar al tanto de las tendencias del mercado, tener expectativas razonables y diseñar un plan de operación que sea metódico.

XXIII. Estrategias de Inversión a Largo Plazo:

Discutimos ideas de inversión a largo plazo para Bitcoin, centrándonos en la importancia de mantener una cartera diversificada, utilizar el promedio de costo en dólares y tener un conocimiento fundamental de la propuesta de valor de Bitcoin. Hablamos sobre las posibles ventajas y cosas a tener en cuenta al realizar una inversión a largo plazo en Bitcoin como una forma de proteger la riqueza contra los efectos de la inflación.

XXIV. Gestión de Riesgos y Evitación de Errores Comunes:

Al trabajar con Bitcoin, enfatizamos lo importante que es gestionar adecuadamente los riesgos y evitar errores comunes. Hablamos sobre la importancia de realizar una investigación exhaustiva, tener una comprensión sólida de la mecánica del mercado y evitar realizar inversiones especulativas y caer en estafas. Además, discutimos la necesidad de permanecer conscientes y educados, así como las técnicas de reducción de riesgos que se pueden utilizar.

XXV. Resumen de las Regulaciones de Bitcoin en Todo el Mundo:
Discutimos las tácticas diferentes adoptadas por diversas naciones y jurisdicciones mientras investigábamos el panorama regulatorio global que rodea a Bitcoin. Llamamos la atención sobre la importancia de la claridad regulatoria, la seguridad del inversor y los esfuerzos para combatir el lavado de dinero. Al participar en actividades relacionadas con Bitcoin, subrayamos lo importante que es asegurarse de cumplir siempre con las reglas locales.

XXVI. Implicaciones fiscales de las transacciones con Bitcoin:
Proporcionamos un resumen de las implicaciones fiscales de las transacciones con Bitcoin, incluyendo temas como el impuesto sobre las ganancias de capital, los requisitos para presentar informes y las dificultades relacionadas con el seguimiento de las transacciones. Destacamos la importancia de ponerse en contacto con profesionales fiscales para garantizar el cumplimiento de la legislación fiscal vigente en cada país.

XXVII. Desafíos legales y controversias en torno a Bitcoin:
Investigamos las ambigüedades regulatorias, las represiones políticas y los conflictos legales que rodean a Bitcoin, así como los problemas legales y controversias asociadas. Hablamos sobre la influencia potencial en la adopción de Bitcoin y la necesidad de marcos legislativos continuos que equilibren la innovación y la protección del consumidor.

XXVIII. Perspectivas futuras para la regulación de Bitcoin:
Consideramos el cambiante panorama regulatorio, la cooperación internacional y la incorporación de monedas digitales en los sistemas

financieros tradicionales mientras analizamos las perspectivas futuras para la regulación de Bitcoin. Aunque reconocemos las dificultades de encontrar el equilibrio ideal entre la innovación y la estabilidad, hablamos sobre los posibles beneficios de la transparencia regulatoria y la colaboración.

En este libro electrónico, emprendimos un recorrido por el paisaje de Bitcoin, investigando su historia, principios fundamentales, uso práctico, implicaciones regulatorias y perspectivas futuras. Esperamos que al proporcionar un resumen de los aspectos más importantes discutidos, no solo hayamos brindado a la audiencia una buena comprensión de Bitcoin, sino que también los hayamos equipado con el conocimiento y las herramientas necesarias para recorrer eficazmente el mundo de las criptomonedas. A medida que Bitcoin y el sector de las criptomonedas continúan desarrollándose, será vital que individuos y organizaciones se mantengan informados, practiquen medidas básicas de seguridad y se adapten a los cambios en las regulaciones legislativas para aprovechar el potencial revolucionario de esta tecnología innovadora.

Estímulo para que los lectores continúen aprendiendo sobre Bitcoin:

A lo largo de este libro electrónico, hemos investigado el diverso mundo de Bitcoin, explorando su historia, así como sus fundamentos tecnológicos, aplicaciones prácticas y preocupaciones regulatorias. A medida que llegamos al final de nuestro viaje, es esencial resaltar la importancia de la educación continua y la participación en el siempre cambiante mundo de las criptomonedas. En esta sección, alentaremos y dirigiremos a los lectores a continuar su descubrimiento educativo de Bitcoin, mostrando el potencial transformador, el crecimiento personal y las emocionantes posibilidades que esperan a aquellos que adoptan esta tecnología revolucionaria.

Un cambio de paradigma tanto en el mundo de las finanzas como en el de la tecnología ha sido provocado por Bitcoin. Las personas pueden obtener soberanía financiera, desafiar sistemas de poder establecidos y contribuir a una economía global más inclusiva y equitativa cuando adoptan la naturaleza descentralizada, la transparencia y la seguridad de las criptomonedas. La comprensión de que Bitcoin tiene la capacidad de perturbar sectores enteros, fomentar la innovación y otorgar a las personas un mayor control sobre sus propias vidas actúa como un impulsor tanto para el propio desarrollo como para contribuir a un futuro más deseable.

El mercado de Bitcoin es altamente dinámico y está en constante evolución. El lector puede participar activamente en la evolución continua de Bitcoin siempre y cuando se mantenga actualizado sobre los desarrollos más recientes, las nuevas tendencias y los cambios regulatorios. Al participar en fuentes de noticias creíbles, foros de la industria y plataformas educativas, se puede obtener conocimiento perspicaz y desarrollar una comprensión más profunda de las complejidades y matices del entorno de Bitcoin.

Bitcoin se basa en una tecnología innovadora, y su éxito dependerá del desarrollo continuo de la tecnología de cadena de bloques, la criptografía y la arquitectura de sistemas descentralizados. Podrán mantenerse al tanto de los avances y comprender el pleno potencial de los fundamentos tecnológicos de Bitcoin si se les anima a investigar tecnologías emergentes como soluciones de capa 2, avances en privacidad y protocolos de interoperabilidad. Esto se puede lograr al alentar a los lectores a estudiar dichas tecnologías.

La influencia de Bitcoin no se limita al ámbito monetario. Su tecnología subyacente de cadena de bloques tiene la capacidad de revolucionar diversos sectores, incluyendo la atención médica, los sistemas de votación, la verificación de identidad y la gestión de cadenas de suministro. Los lectores pueden comprender mejor las posibilidades transformadoras y las oportunidades de innovación y disrupción en sus respectivos sectores al profundizar en estas aplicaciones.

La educación sobre Bitcoin, junto con la alfabetización financiera y medidas de seguridad sólidas, deben ir de la mano. Al animar a los lectores a ampliar su comprensión de las finanzas personales, las técnicas de inversión, la gestión de riesgos y la ciberseguridad, no solo mejora su capacidad para navegar por el panorama de Bitcoin, sino que también fomenta una participación responsable y segura en el ecosistema más amplio de las criptomonedas.

Desarrolladores, empresarios, entusiastas de las criptomonedas y académicos forman parte de la comunidad de Bitcoin, un ecosistema próspero y diverso. Para fomentar oportunidades de colaboración, intercambio de conocimientos y establecimiento de redes, es importante animar a los lectores a participar activamente en esta comunidad. Participar en foros en línea, asistir a conferencias presenciales y unirse a grupos de reuniones locales contribuyen a crear un sentido de pertenencia, al tiempo que brindan oportunidades para el avance personal y profesional.

El desarrollo de Bitcoin aún se encuentra en sus primeras etapas, lo que significa que hay un alcance prácticamente infinito para la innovación. El estímulo a los lectores para involucrarse en el pensamiento crítico, desafiar las normas establecidas y explorar posibles vías de experimentación facilita la investigación de nuevos conceptos, proyectos y casos de uso. Los lectores tienen la capacidad de contribuir activamente al crecimiento continuo y la adopción generalizada de Bitcoin si fomentan una mentalidad de curiosidad y creatividad en sí mismos.

Los efectos de Bitcoin se hacen más evidentes con el tiempo, y puede llevar años, e incluso décadas, antes de que comprendamos completamente su verdadero potencial. La paciencia, la resistencia y la capacidad para soportar la volatilidad del mercado y los obstáculos regulatorios son rasgos que pueden fomentarse al animar a los lectores a adoptar una perspectiva a largo plazo. Es importante enfatizar la necesidad de mantener un compromiso constante con el aprendizaje, la adaptación y el cambio para garantizar que los lectores sigan siendo participantes activos en el viaje transformador de Bitcoin.

Bitcoin es un fenómeno que trasciende las fronteras internacionales y no se ve afectado por las normas culturales, ya que opera en una red descentralizada. Se puede fomentar una perspectiva global al animar a los lectores a investigar el impacto que Bitcoin ha tenido en diversas áreas y a comprender las numerosas dificultades y oportunidades que conlleva. Los lectores desarrollan una comprensión más holística de la influencia de Bitcoin en todo el mundo cuando interactúan con personas de diversos contextos culturales y socioeconómicos, y obtienen conocimiento sobre esfuerzos y desarrollos locales.

A medida que llegamos al final de este libro electrónico, queremos animar a los lectores a continuar sus propios viajes educativos personales e investigar más a fondo sobre Bitcoin. Los lectores pueden situarse a la vanguardia de esta tecnología innovadora manteniendo una mentalidad abierta a nueva información, participando activamente en la comunidad de Bitcoin y abrazando el aprendizaje constante. Bitcoin tiene una tremenda oportunidad de perturbar negocios enteros, dar a las personas más autonomía y ampliar el acceso a servicios financieros. Los lectores tienen la oportunidad de contribuir a un futuro descentralizado y equitativo, impulsar su propio crecimiento personal y desencadenar emocionantes oportunidades para la innovación y el impacto si participan activamente en el ecosistema de Bitcoin. La información que han obtenido al leer este libro electrónico debe servir como punto de partida para una dedicación de por vida al aprendizaje, la innovación y desempeñar un papel activo en la revolución continua que Bitcoin está provocando.

Reflexiones finales sobre el impacto potencial de Bitcoin

A lo largo de todo este libro electrónico, hemos explorado las complejidades y el potencial revolucionario de Bitcoin, comenzando con sus fundamentos tecnológicos y avanzando a través de sus usos prácticos y perspectivas futuras. En esta sección, presentaremos nuestras reflexiones finales sobre la posible influencia de Bitcoin, teniendo en cuenta sus implicaciones para el sector financiero, el avance tecnológico, la sociedad y la economía en su conjunto. Esperamos proporcionar una imagen vívida de la tremenda influencia que Bitcoin es capaz de tener en el proceso de construir el mundo en el que vivimos, reflexionando sobre la información que hemos adquirido y las posibilidades que se nos presentan.

Bitcoin tiene el potencial de transformar el estado actual del sistema financiero global, ya que presenta una alternativa a los sistemas bancarios establecidos y a la autoridad centralizada. El hecho de que sea descentralizado permite transacciones entre pares, transferencias no restringidas por fronteras e inclusión financiera aumentada. La capacidad de Bitcoin para eliminar intermediarios y reducir las tarifas de transacción allana el camino para que poblaciones no bancarizadas y subbancarizadas accedan a una gama más amplia de servicios financieros. Esto, a su vez, abre la puerta a una mayor autonomía económica para estos grupos.

Los avances tecnológicos realizados por Bitcoin, especialmente la tecnología de cadena de bloques que lo respalda, tienen el potencial de perturbar una amplia variedad de negocios además del sector financiero. La característica inmutable y transparente de la tecnología de cadena de bloques tiene el potencial de transformar sistemas establecidos y fomentar la innovación en diversos ámbitos, como la gestión de la cadena de suministro, la atención médica, los sistemas de votación y los derechos de propiedad intelectual. La base de Bitcoin permite la creación de contratos inteligentes y aplicaciones descentralizadas, que ofrecen posibilidades ilimitadas para aumentar la eficiencia, la seguridad y la confianza.

Bitcoin, una moneda digital descentralizada que permite a las personas tomar control de sus activos monetarios y de sus identidades, se conoce como un activo innovador y valioso. Debido a su carácter seudónimo, ofrece un nivel de privacidad que no siempre proporcionan los sistemas bancarios tradicionales. Bitcoin coincide con las ideas de identificación auto-soberana y respalda los derechos de privacidad en un mundo que se está volviendo cada vez más digital. Esto se logra al brindar a las personas la propiedad y el control sobre los datos personales que les conciernen.

Bitcoin plantea un desafío a las establecidas estructuras de poder centralizado, no solo en la industria financiera sino también fuera de ella. Debido a su estructura descentralizada y distribuida, desafía el monopolio que los gobiernos y los bancos centrales tienen sobre el control de las políticas monetarias y los sistemas financieros. Dado que Bitcoin puede facilitar transacciones transfronterizas sin necesidad de intermediarios, se reduce la influencia de las barreras regulatorias, y ahora es posible que las interacciones financieras ocurran fuera de los límites geopolíticos.

En tiempos de incertidumbre económica, un activo con oferta limitada e intrínsecamente deflacionario, como Bitcoin, es probablemente deseable. Bitcoin ofrece una oportunidad para los inversores que buscan una cobertura potencial contra los riesgos de inflación y devaluación asociados con las monedas fiduciarias tradicionales. Individuos e instituciones tienen una mayor oportunidad de preservar su riqueza y reducir los efectos negativos de las recesiones económicas si diversifican sus carteras de inversiones para incluir Bitcoin.

La capacidad de Bitcoin para reducir las barreras de entrada al sistema financiero es una de las implicaciones más importantes de esta moneda digital descentralizada. Las personas que viven en ubicaciones desatendidas pueden acceder al ecosistema financiero global mediante el uso de un teléfono inteligente y una conexión a internet. Esto les permite participar en actividades económicas y enviar y recibir valor de manera segura y efectiva. Bitcoin tiene el potencial de empoderar a comunidades anteriormente desatendidas al brindarles acceso a oportunidades económicas previamente no disponibles y eliminar obstáculos tradicionales para la participación.

La importancia de Bitcoin se extiende más allá de los límites de su propio ecosistema. A medida que Bitcoin continúa desarrollándose y alcanzando un reconocimiento generalizado, actúa como catalizador para mejoras tecnológicas en criptografía, ciberseguridad y sistemas distribuidos. Esto se debe a que Bitcoin funciona como una moneda digital descentralizada. Los problemas y requisitos de Bitcoin contribuyen al panorama tecnológico más amplio, fomentando la innovación y moldeando el futuro de la tecnología en su conjunto. Esto se logra a través de la investigación y el desarrollo impulsados por Bitcoin.

La inmutabilidad, así como la transparencia de la cadena de bloques de Bitcoin, inspiran confianza en la integridad de los datos y la legitimidad de las transacciones financieras y cadenas de suministro.

Bitcoin fomenta la transparencia y la responsabilidad al eliminar la necesidad de intermediarios de terceros e introducir un libro de contabilidad que no se puede alterar. Esta confianza mejorada tiene el potencial de transformar las relaciones corporativas, mejorar los procedimientos de auditoría y crear un ambiente más eficiente y ético en lo que respecta a la realización de transacciones comerciales y el mantenimiento de registros.

A pesar de que Bitcoin pueda tener un impacto significativo en el futuro, aún existen muchos obstáculos e incógnitas. Hay varios obstáculos que deben superarse, como los marcos regulatorios, preocupaciones sobre la escala, inquietudes sobre la sostenibilidad ambiental y barreras de aceptación por parte de los usuarios. Sin embargo, las lecciones de la historia demuestran que el potencial transformador de la innovación puede trascender con frecuencia las dificultades iniciales, y el ecosistema que rodea a Bitcoin continúa adaptándose y expandiéndose.

Bitcoin es una innovación revolucionaria que afectará no solo a la industria financiera, sino también a la tecnología y a la forma en que las personas piensan y utilizan el dinero. Tiene el potencial de tener un impacto dramático, ofreciendo empoderamiento financiero, innovación técnica y una economía global más inclusiva y transparente. Al llegar al final de nuestra exploración de las posibilidades de Bitcoin, es esencial que visualicemos un mundo en el que las personas tengan control sobre sus destinos financieros, se fomente la innovación y se restablezca la confianza. Podemos desencadenar colectivamente una nueva era de posibilidades y diseñar un mundo que abrace la descentralización, apoye la innovación y permita que las personas naveguen con confianza en la era digital si comprendemos el impacto potencial que Bitcoin podría tener y participamos activamente en su ecosistema.

Gracias por comprar y leer/escuchar nuestro libro. Si encontraste útil/ayudador este libro, por favor, tómate unos minutos y deja una reseña en la plataforma donde compraste nuestro libro. Tu opinión es de gran importancia para nosotros.

www.ingramcontent.com/pod-product-compliance
Lightning Source LLC
LaVergne TN
LVHW021825060526
838201LV00058B/3504